职业院校新能源汽车专业系列教材

新能源汽车驱动电机及控制系统检修

主　编　黄显祥　邱文波　雷建军
副主编　李雪娴　梁　雨　马　丽
参　编　林世华　陈伟华　孙文德
主　审　刘小平

机械工业出版社

本书在对新能源汽车技术技能人才岗位调研的基础上，分析岗位典型工作任务，然后根据典型工作任务提炼了行动领域，在此基础上构建了工作过程系统化的课程体系。为方便职业院校开展一体化教学和信息化教学，为本书开发配套了"新能源汽车专业课程及教学资源库平台"，为每一个学习单元开发配套了教学课件、任务工单、微课视频、教学动画等丰富的教学资源。

本书主要包括驱动电机的认知、典型驱动电机的工作原理、驱动电机的检修、电的转换、电机控制器、电机控制系统检修六个项目，每个项目包含若干学习任务，本书全部任务内容均在实车上进行了验证。每个学习任务以实际工作任务为引领，理论知识包含共性知识和个性知识，实践技能部分主要以吉利帝豪 EV450 车型和比亚迪 e5 车型为例。

本书可作为职业院校新能源汽车技术等相关专业的教学用书，也可作为新能源汽车维修企业的培训用书和相关技术人员的参考用书。

本书配有电子课件、教案，凡使用本书的教师可登录机械工业出版社教育服务网 www.cmpedu.com 注册后下载。

图书在版编目（CIP）数据

新能源汽车驱动电机及控制系统检修/黄显祥，邱文波，雷建军主编. —北京：机械工业出版社，2023.10（2025.8重印）

职业院校新能源汽车专业系列教材

ISBN 978-7-111-73891-6

Ⅰ. ①新… Ⅱ. ①黄… ②邱… ③雷… Ⅲ. ①新能源-汽车-驱动机构-控制系统-车辆修理-高等职业教育-教材 Ⅳ. ①U469.703

中国国家版本馆 CIP 数据核字（2023）第 176861 号

机械工业出版社（北京市百万庄大街 22 号 邮政编码 100037）
策划编辑：陈玉芝 责任编辑：陈玉芝
责任校对：张爱妮 陈 越 封面设计：张 静
责任印制：张 博
固安县铭成印刷有限公司印刷
2025 年 8 月第 1 版第 3 次印刷
184mm×260mm · 11 印张 · 267 千字
标准书号：ISBN 978-7-111-73891-6
定价：59.80 元

电话服务 网络服务
客服电话：010-88361066 机 工 官 网：www.cmpbook.com
010-88379833 机 工 官 博：weibo.com/cmp1952
010-68326294 金 书 网：www.golden-book.com
封底无防伪标均为盗版 机工教育服务网：www.cmpedu.com

前言

随着新能源汽车技术的快速发展和国家政策扶持力度的加大，新能源汽车行业产业发展迅猛，产销量大幅增长，新能源汽车的生产制造与售后服务人员需求逐步增加，党的二十大报告指出"教育、科技、人才是全面建设社会主义现代化国家的基础性、战略性支撑"，职业教育要承担起新能源汽车前后市场技术技能人才的培养重任。

新能源汽车涉及很多全新的技术领域，目前市场上关于混合动力汽车、纯电动汽车维修方面的书籍较少，尤其是针对职业院校开展常规教学任务的书籍就更少。为此，由广东省新能源汽车产业协会、广州市新能源校企合作协会统筹，几十家新能源汽车相关企业专家和职业院校专业核心骨干教师，以及一线汽车品牌主机厂新能源汽车工程师等人员共同参与，以新能源汽车厂家作业规范为实操标准，编写了"职业院校新能源汽车专业系列教材"。

本套教材根据国家最新的专业目录进行编写，匹配职业院校新能源汽车专业的核心专业课程，可以满足中等职业学校"新能源汽车运用与维修"、高等职业学校"新能源汽车技术""新能源汽车检测与维修技术"等专业的教学需要。本套教材按照新能源汽车结构及专业教学实施规律编写，共12本，如《新能源汽车概论》《新能源汽车电力电子技术》《新能源汽车高压安全与防护》《新能源汽车售后服务管理》《新能源汽车电池及管理系统检修》《新能源汽车驱动电机及控制系统检修》《新能源汽车底盘检修》《新能源汽车电气技术》等。本套教材具有以下特点：

1. 具有浓厚的行业和职业特色

这是一套由新能源相关行业、企业和院校共同编写的全系列新能源汽车专业教材。由广东省新能源汽车产业协会会长担任编委会主任，在选题调研和定稿过程中，均专业严谨，三方取长补短，汇集2个省市协会、8家著名企业、22所汽车专业骨干校（包括本科、高职、技师学院和中职院校）三方面的力量和优质资源进行编写，例如广东省新能源汽车产业协会、广州市新能源校企合作协会、东风日产、欧纬德智能科技（广州）有限公司、湖北工业大学、华南农业大学、广东轻工职业技术学院、惠州工程职业学院、广州华夏职业学院、广州番禺职业技术学院、广州市工贸技师学院等。很多案例和技术来自生产一线，具有独特的教学价值。

2. "基于工作过程"的一体化开发理念

在对新能源汽车技术技能人才岗位调研的基础上，分析岗位典型工作任务，提炼代表性行动领域，构建了工作过程系统化的课程体系。由企业真实的案例引入教学任务，学习任务更加贴近新能源汽车维修企业实际工作及职业教育的特点。

3. "立体化"的教材资源整合

本套教材不仅具有传统教材的优点，还加入了互联网教学应用资源，嵌入相应工作任务，辅以大量的视频资源以及任务实施的指导视频（由二维码进入），让整套教材更加立体化，更加方便院校师生、企业售后人员学习。

4. 企业、院校的适用性强

本套教材以国内自主品牌吉利汽车和比亚迪汽车为主体，横向对比主流新能源汽车相关厂家，如北汽、特斯拉等相关车型的共性和差异，解决了品牌地域性问题。

5. 更加丰富的资源配套

本套教材配套有工作页、课件、教学微课、项目测试题、教学资源库等资源，围绕"教、学、考、培、互联网+"五位一体的教学模式开发配套资源。解决了教师们开展现代化教学的痛点，教学理念先进，适合现代职业教育和培训的多方面需要。

本书由欧纬德智能科技（广州）有限公司黄显祥技术总监、惠州工程职业学院邱文波老师、雷建军老师担任主编，惠州工程职业学院李雪娴老师、广州市华风技工学校梁雨老师、湖北工业大学工程技术学院马丽老师担任副主编，欧纬德智能科技（广州）有限公司林世华、陈伟华、孙文德参与编写，广州市新能源校企合作协会秘书长刘小平担任主审。

在本书的编写过程中，欧纬德智能科技（广州）有限公司提供了大量的设备支持和技术支持，广州轩宇教育科技发展有限公司提供了微课拍摄、后期制作等技术支持，在此表示衷心的感谢。

由于编者水平有限，书中难免有错漏之处，敬请读者批评指正。

编　者

名称	图形	名称	图形
交流异步电动机拆装		电源线路的故障检测	
永磁同步电机拆装		测量电机绕组对地绝缘	
开关磁阻电机拆装		电机控制器电源线路的故障检测	
五线霍尔转速传感器波形检测		帝豪 EV450 更换电机控制器	
旋变传感器波形检测		电机控制器通信线路的故障检修	
电机控制器二极管压降测量			

目 录

项目一

驱动电机的认知

情境描述

　　电动汽车的电机控制和驱动系统是车辆行驶过程中的主要执行机构,电机的驱动特性决定了电动汽车的主要性能指标,因此,电机是电动汽车的重要部件,并且电动汽车中的燃料电池汽车（FCEV）、混合动力汽车（HEV）和纯电动汽车（BEV）都要用电机来驱动。选择合适的电机是提高各类电动汽车性价比的重要因素,因此研发或完善能同时满足车辆行驶过程中的各项性能要求,并具有坚固耐用、造价低、效能高等特点的电机驱动方式显得极其重要。这也是提高电动汽车性价比,使其尽快普及应用的有效途径。

情境目标

　　1. 能说出电动汽车常用驱动电机的种类。
　　2. 能画出电动汽车不同形式的电传动路线。

任务1　认知电动汽车驱动电机

任务目标

　　1. 了解电动汽车电机控制和驱动技术的发展现状。
　　2. 掌握电动汽车电机的种类和基本结构。
　　3. 掌握电动汽车电机控制和驱动技术的性能指标。

任务导入

　　王先生最近购买了一辆纯电动汽车,纯电动汽车主要是使用电机来驱动,电机取代了传统汽车中的发动机。发动机有直列、V型、水平等结构形式,那么驱动电机的种类有哪些呢?

　　请你根据所学的知识并结合市面上的电动汽车进行资料收集。

知识链接

一、电动汽车驱动系统的组成

电动汽车的驱动系统主要由电气系统和机械系统组成，其中电气系统由电机、功率变换器和电机控制器等组成，机械系统由机械传动部分和车轮等组成。

在电气系统和机械系统的连接过程中，机械系统是可选的，有些电动汽车的电机装在轮毂上直接驱动车轮。

一般情况下，电机取代发动机并在电机控制器的控制下，将电能转换为机械能以驱动汽车行驶。电动汽车由电机驱动，电机是电动汽车的关键部件。

要使电动汽车具有良好的使用性能，驱动电机应具有较宽的调速范围及较高的转速、足够大的起动转矩，还应具有体积小、质量轻、效率高等特点，且应具有动态制动性强和能量回馈等性能。

由于电动汽车采用动力电池作为车载能源，其容量受到限制，为尽可能地延长续驶里程，大多数驱动系统都采用了能量回馈技术，即在汽车制动时，通过控制器将车轮损耗的动能反馈到电池中，使电机处于发电状态，并将发出的电输送到电池中。因此，电动汽车的驱动电机应该称为"电机"，不能称为"电动机"，电动汽车电机既能将电能转化为机械能，又能将机械能转化为电能，如图 1-1 所示。

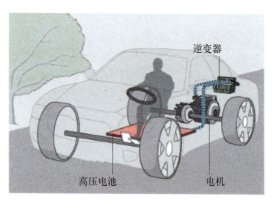

图 1-1　电动汽车底盘结构图

二、电动汽车电机的种类

1. 按工作电源种类不同可分为直流电机和交流电机

1）直流电机按结构及工作原理可分为有刷直流电机和无刷直流电机，如图 1-2 所示，也可分为永磁直流电机和电磁直流电机。永磁直流电机按材料不同又可分为稀土、铁氧体、铝镍钴永磁直流电机。电磁直流电机按励磁方式不同又可分为串励、并励、他励和复励直流电机。

a) 有刷直流电机

b) 无刷直流电机

图 1-2　直流电机

2）交流电机可分为单相电机和三相电机，如图 1-3 所示。

a) 单相电机　　　　　　　　　　　　　　　b) 三相电机

图 1-3　交流电机

2. 按结构和工作原理不同可分为异步电机、同步电机

1）异步电机的转子转速总是略低于旋转磁场的同步转速。异步电机主要有感应电机和交流换向器电机，如图 1-4 所示。

a) 感应电机　　　　　　　　　　　　　　b) 交流换向器电机

图 1-4　异步电机

2）同步电机的转子转速与负载大小无关且始终保持在同步转速。同步电机主要有永磁同步电机、开关磁阻电机、磁滞同步电机，如图 1-5 所示。

a) 永磁同步电机　　　　　b) 开关磁阻电机　　　　　c) 磁滞同步电机

图 1-5　同步电机

3. 按运转速度不同可分为高速电机、低速电机（图 1-6）

低速电机又分为齿轮减速电机、电磁减速电机、力矩电机和爪极同步电机等。

a) 高速电机

b) 低速电机

图 1-6　高速电机与低速电机

三、电动汽车电机结构

1. 永磁直流电机

永磁直流电机由定子磁极、转子（电枢）、电刷和换向器等组成，如图 1-7 所示。

图 1-7　永磁直流电机结构

定子磁极采用永磁体（永久磁钢），目前应用的有铁氧体、铝镍钴、钕铁硼等材料。按其结构形式可分为圆筒型和瓦块型等。

转子（电枢）一般采用硅钢片叠压而成，漆包线绕在转子铁心的两槽之间（三槽即有三个绕组），其各接头分别焊在换向器的金属片上。

电刷是连接电源与转子绕组的导电部件，具备导电性与耐磨性。永磁直流电机使用弹性金属片或金属石墨电刷、电化石墨电刷。

2. 无刷直流电机

无刷直流电机由永磁体转子、多极绕组定子、位置传感器等组成，如图 1-8 所示。

无刷直流电机的特点是无电刷，采用半导体开关器件（如霍尔元件）来实现电子换向，即用电子开关器件代替传统的接触式换向器和电刷。它具有可靠性高、无换向火花、机械噪声低等优点。

位置传感器按转子位置的变化，沿着一定的次序对定子绕组的电流进行换流（即检测转子磁极相对定

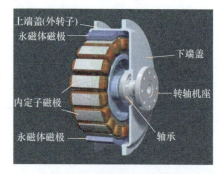

图 1-8　无刷直流电机结构

子绕组的位置,并在确定的位置处产生位置传感信号,经信号转换电路处理后去控制功率开关电路,按一定的逻辑关系进行绕组电流切换)。

位置传感器有磁敏式、光电式和电磁式三种类型。

定子绕组的工作电压由位置传感器输出信号控制的电子开关电路提供。

3. 三相异步电机

三相异步电机的结构分为定子和转子两部分,如图1-9所示,定子和转子之间有气隙。

定子由定子铁心、定子绕组和机座组成。定子铁心是磁路的一部分,同时用来嵌放定子绕组;定子绕组通电时能产生磁场;机座用来固定与支撑定子铁心。

转子由转子铁心和转子绕组组成。转子铁心也是磁路的一部分,同时用来嵌放转子绕组;转子绕组的作用是产生感应电动势并产生电磁转矩。

4. 永磁同步交流电机

永磁同步交流电机的磁场由永磁铁产生,转子绕组通过电刷供电,转速与交流电频率为整倍数关系(视转子绕组数而定),故称永磁同步电机。永磁同步电机的结构如图1-10所示。

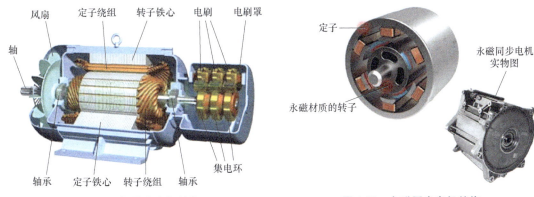

图 1-9　三相异步电机结构　　　　　　　图 1-10　永磁同步电机结构

转子绕组通过电刷供电、定子通过线圈产生旋转磁场的电机,根据转子绕组与定子绕组的串、并联关系分别称为串励磁电机、并励磁电机。

5. 开关磁阻电机

开关磁阻电机(Switched Reluctance Motor,SRM)是根据磁阻差产生反转磁矩的原理而制成。

开关磁阻电机是一种新型调速电机,其调速系统兼具直流、交流两类调速系统的优点,是继变频调速系统、无刷直流电机调速系统之后发展起来的新一代无级调速系统。它的结构简单坚固,调速范围宽,调速性能优异,且在整个调速范围内都具有较高效率,系统可靠性高。开关磁阻电机调速系统主要由开关磁阻电机、功率变换器、控制器与位置检测器组成。开关磁阻电机结构如图1-11所示。控制器内包含功率变换器和控制电路,位置检测器则安装在电机的一端。这种电机定子除绕组独

图 1-11　开关磁阻电机结构

立接线之外，其他与交流异步电机的定子结构一样，而转子只是由硅钢片叠成，具有不同数量的凸极而已，没有集电环组和永久磁铁。

直流电机、交流异步电机、永磁同步电机、开关磁阻电机主要参数的对比见表1-1。

表1-1　直流电机、交流异步电机、永磁同步电机、开关磁阻电机参数对比

比较项	直流电机	交流异步电机	永磁同步电机	开关磁阻电机
功率密度	低	中	高	较高
功率因数（%）	—	82~85	90~93	60~65
峰值效率（%）	85~89	90~95	95~97	80~90
负荷效率（%）	80~87	90~92	85~97	78~86
过载能力（%）	200	300~500	300	300~500
转速范围/(r/min)	4000~6000	12000~15000	4000~15000	>15000
恒功率区	—	1:5	1:2.25	1:3
过载系数	2	3~5	3	3~5
可靠性	中	较高	高	较高
结构坚固性	低	高	较高	高
体积	大	中	小	小
质量	重	中	轻	轻
调速控制性能	很好	中	好	好
电机成本	低	中	高	中
控制器成本	低	高	高	中

四、电动汽车电机的特性要求

与传统工业驱动电机不同，电动汽车的驱动电机通常要求能够频繁地起动/停车、加速/减速，低速爬坡时要求高转矩、高速行驶时要求低转矩且变速范围大。电动汽车对驱动电机的要求可归纳如下。

1. 体积小、质量轻

为了充分利用有限的车载空间，减小车辆质量，降低运行中的能量消耗，应尽量减小驱动电机的体积和质量。驱动电机可以采用铝合金外壳，各种控制装置和冷却系统等也要求尽可能轻量化和小型化。

2. 全速段高效运行

一次充电续驶里程长，特别是在车辆频繁起停或变速运行的情况下，驱动电机应具有较高的效率。

3. 低速大转矩及宽范围的恒功率特性

即使没有变速器，驱动电机本身应能满足所需的转矩特性，以获得在起动、加速、行驶、减速、制动等各种工况下功率和转矩的要求。驱动电机应具有自动调速功能，可以减轻驾驶人的操作强度，提高驾驶的舒适度，并且能够达到与传统内燃机汽车同样的控制响应。

4. 高可靠性

在任何运行工况下驱动电机都应具有高可靠性，以确保车辆的行驶安全。

5. 高电压

在允许的范围内尽可能采用高电压，可以减小驱动电机、控制器、导线等的尺寸，特别是可以降低逆变器的成本。

6. 安全性能

动力电池组、驱动电机等强电部件的工作电压能达到 300V 以上，对电气系统的安全性和控制系统的安全性提出了更高的要求，电动汽车驱动电机必须符合相关车辆电气控制的安全性能标准和规定。

7. 高转速

与低速电机相比，高转速电机的体积和质量较小，有利于降低整车质量。

8. 使用寿命长

为降低电动汽车的使用成本，驱动电机的使用寿命应和车辆保持一致，真正实现节能环保的目标。同时驱动电机还要具有耐温和耐潮性能好、运行噪声低、结构简单、成本低、适合批量生产、使用维护方便等特点。

五、电动汽车驱动电机的选择

电动汽车驱动电机的关键是电机的机械特性。至今为止电动汽车采用的驱动电机主要包括：直流电机、交流异步电机、永磁同步电机、直流无刷电机和开关磁阻电机。关于机械特性可以用转矩-转速特性曲线和功率-转速特性曲线来表示，并可作为选择电机的参考依据。

1. 额定电压的选择

电机电压的选择主要依据车辆总体参数的要求，车辆的自重、电池等相关参数确定后才能确定电机的电压、转速等参数。即当车辆自重确定后，电池包的电压就确定了，电机的电压等级也随之确定。但总体要求是：尽可能提高电压等级，这样就可以使电机在满足驱动要求的情况下，电机的电流小一些，损耗也会小一些。这样电池的容量选择、安装空间、安装方式等就更容易处理。

2. 额定转速的选择

根据电动汽车的速度、动力性能的要求，需要选择不同转速的驱动电机。

（1）低速电机　低速电机的转速为 3000 ~ 6000r/min，扩大的恒功率区的低速电机额定转矩高、转子电流大、电机的尺寸和质量较大，且相应的变换器、控制器的尺寸也较大，各种电器的损耗较大，但减速器的速比较小。一般低速电机的转动惯量大、反应慢，常用于观光车等低速电动汽车，如图 1-12 所示。

（2）中速电机　中速电机的转速为 6000 ~ 10000r/min，它的各种参数介于低速电机和高速电机之间。永磁同步电机大部分为中速电机，通常家用电动汽车多采用中速电机作为驱动电机，如图 1-13 所示为中速电机应用场景。

图 1-12　低速电机应用场景

（3）高速电机　高速电机的转速为 10000 ~ 15000r/min，扩大的恒功率区宽，尺寸和质量较小，相应的变换器和控制器的尺寸也较小，各种电器内在的损耗较小。但其减速器的速比要大大增加，通常需要采用行星齿轮传动机

a) 北汽EU7　　　　　　　　b) 吉利几何A　　　　　　　　c) 比亚迪e5

图 1-13　中速电机应用场景

构。高速电机的使用主要受电磁材料的性能、高速轴承的承载能力的限制。高速电机的惯性小、起动快、停止也快，异步电机可实现高转速，特斯拉、奥迪、蔚来等高端电动汽车品牌采用高速电机作为驱动电机，如图 1-14 所示为高速电机应用场景。

a) 奥迪e-tron　　　　　　　b) 特斯拉Model S　　　　　　c) 蔚来ES8

图 1-14　高速电机应用场景

六、电动汽车驱动电机的发展趋势

根据中国汽车工业协会发布的产销数据，2021 年，新能源汽车产销分别完成 354.5 万辆和 352.1 万辆，产销量连续 7 年位居全球第一。

1. 电机技术发展现状

目前驱动电机主要分为直流电机、交流电机等，其中行业对交流异步电机、永磁同步电机及开关磁阻电机关注度较高。

从行业配套来看，电动汽车中乘用车主要使用的是交流感应电机和永磁同步电机。其中永磁同步电机使用较多，因其转速区间和效率都相对较高，但是需要使用昂贵的永磁材料钕铁硼；部分欧美车系采用交流感应电机，主要因为稀土资源匮乏，同时出于降低电机成本考虑，其劣势主要是转速区间小，效率低，需要性能更高的调速器以匹配性能。

随着电动汽车市场的迅猛发展，驱动电机市场空间潜力巨大，吸引了众多企业和资本的进入。国内外典型驱动电机企业的永磁同步电机参数比较情况见表 1-2。整体来看，我国驱动电机取得了较大进展，已经自主开发出满足各类电动汽车需求的产品，部分主要性能指标已达到相同功率等级的国际先进水平。但是在峰值转速、功率密度、效率及冷却方式等方面与国外仍存在一定的差距。

在技术指标方面，国内电机与国外电机相比还存在以下几方面的差距：

（1）峰值转速　峰值转速是驱动电机的重要指标，也是目前国内驱动电机较国外驱动

表 1-2 国内外典型驱动电机企业的永磁同步电机参数比较

企业	峰值功率/kW	峰值转矩/(N·m)	峰值转速/(r/min)	冷却方式
巨一自动化	45	170	6000	自然冷却
	50	215	7200	水冷
	90	175	14000	水+乙二醇
精进电机	103	230	12000	水+乙二醇
	140	270	12000	水+乙二醇
	40	260	7600	水冷
上海电驱动	50	200	7200	水冷
	90	280	10000	水冷
	72	100	5600	水冷
	45	128	9000	水冷
大洋电机	30	160	6500	水冷
	60	200	8000	水冷
西门子	30~170	100~265	12000	水冷
日产	80	280	9800	水冷

电机差距最为明显的指标。国内绝大部分永磁同步电机的峰值转速在 10000r/min 以下，而国外基本在 10000r/min 以上。

（2）功率密度 虽然国内电机在功率方面基本能够达到国际水平，但是在同功率条件下质量还处于劣势，因此功率密度较国际水平还存在较大差距。目前，国内的永磁同步电机峰值功率密度多为 1~2kW/kg，"十三五"规划提出新能源汽车驱动电机的峰值功率密度要达到 4kW/kg。

（3）效率 在效率方面，国内电机的最高效率均可达到 94%~96%，已达到西门子、Remy 等的水平。但是在高效区面积方面，如系统效率大于 80% 的区域占比方面还存在一定差距。我国电机的高效区面积占比集中在 70%~75%，而国外电机基本达到 80%。

（4）冷却方式 电机的冷却方式已经从自然冷却逐步发展为水冷，目前国内电机企业采用水冷为主，国外先进的电机企业已经发展到采用油冷。国内部分电机企业也研发出了油冷电机，例如精进电动科技股份有限公司等企业，使电机的冷却效率得到了进一步提升。

2. 永磁同步电机的发展瓶颈

由于当前纯电动乘用车多以永磁同步电机为主要技术路线，故如何进一步提升其性能成为行业重点关注问题。目前，永磁同步电机面临以下几方面的技术难点：

（1）功率密度 功率的提升有两种途径，一种是提高转矩，另一种是提高转速。提高转矩的主要问题是过载电流加大，造成发热量高，给散热造成较大压力；提高转速的主要问题是高速时铁磁损耗大，需采用高性能低饱和硅钢片，从而使成本提高，或采用复杂的转子结构来提高转速，但影响功率密度。

（2）材料方面 永磁材料也是制约永磁同步电机性能提升的重要因素，目前常用的永磁材料钕铁硼主要存在温度稳定性差、不可逆损失、温度系数较高以及高温下磁性能损失严重等缺点，从而影响电机性能。

（3）生产工艺　永磁同步电机在生产工艺方面的难点是制约其大规模配套乘用车的重要因素。因为永磁同步电机生产企业缺乏产业化的积累，国内企业生产不良率较高，无法达到乘用车企业的不良率要求，尤其是随着纯电动乘用车市场规模的扩大，十万级的年产量给永磁同步电机带来了巨大的挑战。

3. 轮毂电机的发展

（1）技术现状　轮毂电机最早是在1900年由保时捷公司搭载到纯电动汽车上，经过100多年的发展，不仅众多欧美、日本的主机厂增加了对轮毂电机的开发，电机公司（如英国 Protean 公司、法国 TM4 公司等）和轮胎企业（米其林公司、普利司通公司）也开发出了轮毂电机产品。国内方面，万安科技与英国 Protean 合资、亚太股份与斯洛文尼亚轮毂电机公司合资开发轮毂电机产品。国内外主要轮毂电机产品及其参数见表1-3。

表 1-3　国内外主要轮毂电机产品及其参数

企业	轮毂电机产品	质量/kg	峰值转矩/(N·m)	峰值功率/kW	额定转矩/(N·m)	额定功率/kW
福特与舍弗勒			700	40		33
三菱	蓝瑟电动		518	50		
英国 Protean	PDI8	34	1250	75	650	54
法国 TM4	MOTIVE	26	1700	120	600	37
杭州亚太依拉菲	M700	23	700	75		

（2）优缺点分析　从整体来看，永磁同步电机在轮毂电机上应用较为广泛。近年来，国内外的整车及零部件企业进行了很多利用轮毂电机驱动纯电动乘用车或混合动力乘用车的尝试，轮毂电机的优缺点分析见表1-4。

表 1-4　轮毂电机的优缺点分析

序号	优点	缺点
1	高效率：直接驱动车轮，避免传动损失，提效节能	簧下质量增加：影响操控，悬架响应变慢，加速响应变慢
2	控制方便：直接控制车轮转速和转矩，减少转弯半径，提高制动回收率	散热难度大：制动时轮毂内会产生极大的热量，对内置的电机形成巨大的散热挑战
3	空间配置优：与轮毂集成，节省前舱布置空间，节省传动系统的空间	三防挑战大：电机内置在轮毂，工作环境恶劣，防振、防水、防尘的难度增大
4	模块化：集成度高，容易实现模块化，可避免重复开发，缩短开发周期和费用	制动能耗高：电涡流制动容量不高，需要配合机械制动系统共同工作，能耗大

（3）性能提升对策　轮毂电机在性能上面临的主要问题一个是簧下质量的提升对舒适性和操控性的影响；另一个是轮毂电机与轮毂集成后的散热问题和制动能量回收问题，以及随之而来的防振、防水和防尘等。性能提升的主要对策见表1-5。

（4）发展前景　不同行业主体对轮毂电机的态度不同，导致轮毂电机的发展前景并不理想。新能源主机厂对轮毂电机以观望的态度为主，传统的电机企业尚未对轮毂电机进行开发和规划，仅靠部分合资电机企业对轮毂电机的推进，缺乏成熟量产车的支撑，同时轮毂电机的高成本和系统复杂度尚未解决，制约着轮毂电机在新能源乘用车领域的发展，见表1-6。

表 1-5　轮毂电机性能提升的主要对策

序号	项目	主 要 对 策
1	舒适性和操控性	①优化减振系统,匹配新的质量分配,提高车辆的舒适性;②建立垂向振动模型,将悬架系统的刚度和阻尼的参数匹配与悬架、车轮进行配合,可以降低簧下质量,增加对舒适性和操控性的影响
2	散热问题	①采用液冷,利用高导热系数环氧树脂对定子、机壳和液冷铝壳进行浇注;②电机与减速器集成一体,转子上开槽,利用转子旋转带动电机内的空气循环流动;③采用水冷散热,水路为轴向螺旋形,设计在机壳内,散热效果提升显著;④为电机加装散热片,设计冷却风道或者水道,提升高负荷工况下的散热效果
3	制动能量回收	将车速、轮毂电机的制动力矩、动力电池 SOC 和电机转速作为输入,通过控制策略分析,对电动汽车前后轴制动力进行合理分配
4	环境适应性	①通过加强轮毂电机与整车性能匹配,消除振动对电机气隙的影响,减少电机的振动,提升车辆平顺性;②对轮毂电机的壳体进行优化,提升电机的防护等级,避免水、尘等对电机的影响

表 1-6　不同行业主体对轮毂电机发展的态度

市场主体	主机厂	传统电机企业	合资电机企业
代表企业	长安新能源、比亚迪、江淮汽车等	精进电机、巨一自动化、华域电动等	杭州亚太依拉菲、Protean、泰特机电等
主要态度	轮毂电机属于前瞻技术,前景广阔;国内缺乏成熟的批量车型,成本及技术成熟度无法满足产业化	轮毂电机系统复杂,控制难度大,成本高;对底盘结构变动大,不适合乘用车市场;技术不成熟	技术已经成熟,希望主机厂打消顾虑,积极进行车型匹配开发和调试

4. 未来驱动电机发展趋势分析

通过以上分析并结合市场调研可以看出,在未来几年的纯电动乘用车市场上,永磁同步电机仍将占据主要位置,交流异步电机的配套逐年萎缩。随着轮毂电机技术的逐步成熟和成本的下探,轮毂电机在纯电动乘用车市场的配套量会有一定的增长;而开关磁阻电机受限于体积和噪声问题,短时间内应用到乘用车的可能性较小。

根据《节能与新能源汽车技术路线图》分析,驱动电机技术的发展路线图见表 1-7。总体上看,驱动电机的主要发展趋势包含以下几个方面:集成化,即涵盖电力电子控制器的集成和机电耦合的集成;高效化,即提高功率密度并降低成本;智能化和数字化,即与控制器配合不断提升驱动系统的性能。

表 1-7　驱动电机技术的发展路线图

序号	2020 年	2025 年	2030 年
1	乘用车 20s 有效比功率≥4kW/kg;商用车 30s 有效比转矩≥18N·m/kg	乘用车 20s 有效比功率≥4.5kW/kg;商用车 30s 有效比转矩≥19N·m/kg	乘用车 20s 有效比功率≥5kW/kg;商用车 30s 有效比转矩≥20N·m/kg
2	高输出密度、高效率永磁电机技术	轮毂/轮边电机技术	高压化、高速化电机技术
3	低损耗硅钢、高性能磁钢、成型绕组、汇流排、磁钢定位封装等先进工艺	关键材料和部件采用国内资源,自主工艺开发及生产线建设能力达到国际先进水平,先进工艺材料推动自主进步的格局基本形成	出口份额达到自主总产量的 20%

七、电动汽车驱动电机控制器的发展趋势

1. 电机控制器技术发展现状

电机控制器可以认为是工业变频器的一种特殊应用，其控制原理如图 1-15 所示，其核心均为通过电力电子技术对输出电流、电压和频率进行控制，进而控制新能源汽车驱动电机的转速和转矩。与工业变频器相比，电机控制器只有直流-交流的逆变部分，没有交流-直流的整流器件，并且只需要考虑汽车起停、市区和高速等有限的工况，故电机控制器控制技术相比通用变频器简单，对动态响应和稳态精度的要求也远低于高端变频器产品，但是对恶劣环境和高载波频率的要求高于普通变频器。

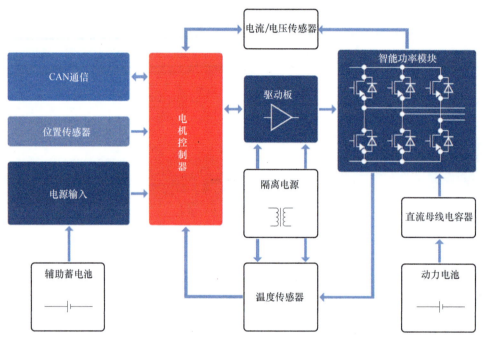

图 1-15　电机控制器原理图

电机控制器的 IGBT 是驱动电机的核心部件，成本接近电机控制器的一半，目前均为进口。图 1-16 为 IGBT 技术迭代路线，目前国际上 IGBT 的主流技术为第六代，这代技术在

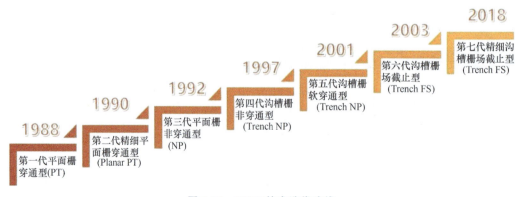

图 1-16　IGBT 技术迭代路线

2007年左右得以成熟应用，其主要特征为应用了场截止、沟槽栅和超薄晶圆技术，器件的通态饱和压降和关断时间等性能均得到了进一步提高。

电机控制器国产品牌在功率密度上和海外标杆产品仍有一定的差距，此外在与驱动电机匹配过程中对电机高效区间的扩大、噪声与振动的抑制等方面仍有提升空间。国内外电机控制器参数对比见表1-8。

表1-8 国内外电机控制器参数对比

生产企业	博世	苏州汇川	上海电驱动	上海大郡
功率体积比/(kW/L)	24.0	14.0	20.0	21.7
功率重量比/(kW/kg)	21.5	12.0	18.0	19.0
功率器件	IGBT	IGBT	IGBT	IGBT
直流电压/V	300~480	300~420	300~480	300~480
器件电流/A	800	800	800	800
器件封装	定制	定制	定制	定制

2. 电机控制器发展趋势

相比于单独的电机、电机控制器和减速器，集成式的三合一产品省去了不必要的系统接口，并且由一家制造商进行整体设计调试，在物料成本、外观尺寸及质量等方面均具备显著的优势，目前国内及海外的主流电机电控供应商均在陆续推出各自的三合一集成式电驱动平台，有望逐步取代电机、电控由不同供应商提供的模式。如图1-17所示为特斯拉及比亚迪的电驱动系统。

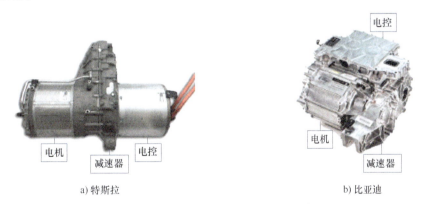

a) 特斯拉　　　　　　　　　　　　b) 比亚迪

图1-17 特斯拉及比亚迪的电驱动系统

电机功率模块方面，SiC综合性能优于IGBT，预计2025年SiC将全面取代IGBT。在电驱动系统集成化、高功率密度趋势下，电控也将出现技术迭代。目前电控主要以IGBT为功率器件，IGBT决定了电控性能和成本。SiC是新一代功率器件，其优势如图1-18所示，具体表现为：

（1）性能指标　如耐压达20kV、工作频率超100kHz、工作结温逾250℃，均优于传统硅器件。

（2）模块体积　减小到1/10，系统物料成本下降。

（3）降低能耗　据英飞凌的数据，SiC由于电阻小而功率损耗降低60%~80%；根据采埃孚的数据，应用SiC后车辆续驶里程提高了10%。

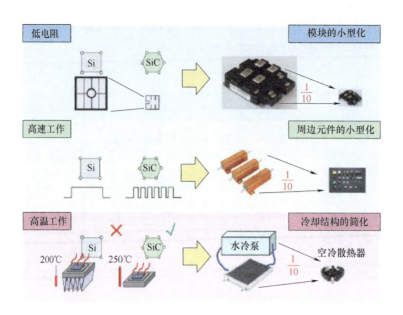

图 1-18　SiC 相比 IGBT 的优势

任务实施

1. 任务方案制订

本次实训任务主要是认识电动汽车驱动电机。分组查阅相关资料，学习电动汽车基本结构知识，制订任务方案。

2. 实施准备工作

1）防护装备：工作服、绝缘鞋、棉手套。

2）实训整车、驱动电机教学设备。

3）举升机、安全防护工具、设备。

3. 详细操作步骤

步骤与图示	方法与结果
①找到新能源汽车铭牌，了解车辆基本参数 中国浙江豪情汽车制造有限公司制造 LB378Y4W8HA000697 品牌：帝豪牌　　　整车型号：6JF00000711 驱动电机型号：TZ220T0F0M42R　乘车人数：5 驱动电机峰值功率：120kW　最大允许总质量：1960kg 动力电池工作电压：360V　生产日期：2017年08月 动力电池容量：126Ah	是否完成 □ 完成 □ 未完成 原因：

（续）

步骤与图示	方法与结果
②打开新能源汽车机舱,查找驱动电机及电机控制器安装位置 	是否完成 □ 完成 □ 未完成 原因：
③举升车辆,查找驱动电机及电机型号信息并记录 	是否完成 □ 完成 □ 未完成 原因：
④观察不同车辆的驱动电机,了解不同种类驱动电机的外观差异 	是否完成 □ 完成 □ 未完成 原因：

图示③的铭牌内容：

GEELY
TM5028
100802
06632079

精进电动科技　北京　有限公司			
额定功率	42kW	额定电压	137V
额定转矩	105N·m	峰值功率	95kW
峰值转速	11000r/min	峰值转矩	240N·m
绝缘等级	H	冷却方式	水冷
相数	3相	重量	55kg
防护等级	IP67	工作制	S9
出厂编号			
永磁同步电机			

任务 2　认知电传动系统的典型结构

任务目标

1. 了解电动汽车电传动系统的典型结构。
2. 了解电动汽车电机控制系统的结构组成。

任务导入

　　王先生最近购买了一辆纯电动汽车,纯电动汽车主要是使用电机来驱动的,电机取代了传统汽车中的发动机。那么驱动电机是如何传递动力从而使车辆行驶的呢？请你根据所学知识并结合市面上的电动汽车进行资料收集。

知识链接

一、传统汽车与纯电动汽车动力总成对比

纯电动汽车的动力总成由电机、电控和减速器构成，一般称为"电驱动"系统，是电动汽车的心脏，相当于传统燃油汽车中的发动机+变速器，其作用都是把化学能转变成汽车动能，也是决定车辆动力、能耗等性能的核心部件。电驱动系统相比于发动机+变速器，具有结构简单、体积小、可有载起动的优势。如图 1-19 所示为传统燃油汽车与纯电动汽车动力总成对比。

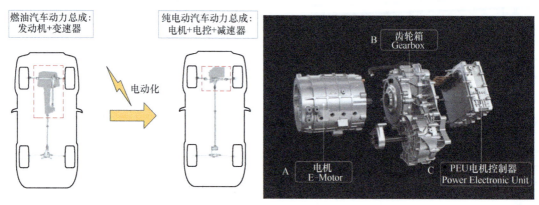

图 1-19　传统燃油汽车与纯电动汽车动力总成对比

二、电动汽车驱动形式布置

电动汽车驱动系统按机械传动方式分类主要有传统的驱动模式、电机-驱动桥组合式驱动系统、电机-驱动桥整体式驱动系统和轮毂电机分散驱动系统四种基本典型结构。各种机械传动结构又可选用各类电机，因此就有多种多样的组合形式。各种组合方式既有其相应的技术优势，也有其缺点。

1. 传统的驱动形式

该驱动系统仍然采用内燃机汽车驱动系统的布置方式，包括离合器、变速器、传动轴和驱动桥等总成，只是将内燃机换成电机，属于改造型电动汽车。这种布置方式可以提高纯电动汽车的起动转矩，增加低速时纯电动汽车的储备功率。这种驱动系统的布置形式有电机前置-驱动桥前置（FF）、电机前置-驱动桥后置（FR）等驱动模式。但是，这种驱动系统的布置形式结构复杂、效率低，不能充分发挥驱动电机的性能，如图 1-20 所示。在此基础上，还有一种简化的传统驱动系统布置形式，采用固定速比减速器，去掉离合器，这种形式可减少机械传动装置的质量，

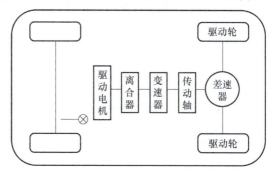

图 1-20　传统的驱动形式

缩小驱动系统体积。

传统驱动系统的工作原理类似于传统汽车，离合器是用来切断或接通驱动电机到车轮之间传递动力的机械装置，变速器是一套具有不同速比的齿轮机构，驾驶员按需要选择不同的档位，低速时车轮获得大转矩、低转速，而高速时车轮获得小转矩、高转速。由于采用了调速电机，变速器可相应简化，档位一般有 2 个，倒档也可利用驱动电机的正反转来实现。驱动桥内的机械式差速器使汽车在转弯时左右车轮以不同的转速行驶。这种模式主要用于早期的纯电动汽车，省去了较多的设计，也适用于对原有汽车的改造。

2. 电机与驱动桥组合式驱动系统

这种驱动系统的布置形式即在驱动电机端盖的输出轴处加装减速齿轮和差速器等，电机、固定速比减速器、差速器的轴平行，一起组合成一个驱动整体。驱动系统通过固定速比的减速器来放大驱动电机的输出转矩，但没有可选的变速档位，也就省掉了离合器。这种布置形式的机械传动机构紧凑，传动效率较高，便于安装，但对驱动电机的调速要求较高。按传统汽车的驱动模式来说，可以分为驱动电机前置-驱动桥前置（FF）（图 1-21）如驱动电机后置-驱动桥后置（RR）（图 1-22）两种方式。这种布置形式的驱动系统具有良好的通用性和互换性，便于在现有的汽车底盘上安装，使用和维修。

图 1-21　驱动电机前置-驱动桥前置

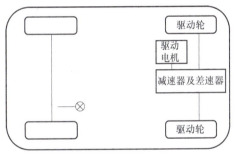

图 1-22　驱动电机后置-驱动桥后置

电机与驱动桥组合后采用的驱动桥与内燃机汽车驱动桥不同，需要电动汽车专用后驱动桥，如图 1-23 所示。

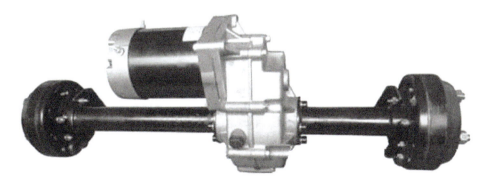

图 1-23　电动汽车专用后驱动桥

3. 电机与驱动桥整体式驱动系统

这种驱动系统的布置形式与发动机横向前置、前轮驱动的内燃机汽车的布置方式类似，把电机、固定速比减速器和差速器集成为一个整体，两根半轴连接驱动车轮。如图 1-24 所示为电机与驱动桥整体式驱动系统。

a) 比亚迪 e5 驱动三合一总成

b) 同轴式整体驱动系统

图 1-24　电机与驱动桥整体式驱动系统

4. 轮边减速驱动系统

轮边减速驱动系统也称为双电机驱动系统，如图 1-25 所示为比亚迪 K9 电动客车轮边减速驱动桥，由左右两台永磁电机直接通过固定速比减速器分别驱动两个车轮，左右两台电机由中间的电控差速器控制，每个驱动电机的转速可以独立地调节控制，便于实现电子差速，不必选用机械差速器。轮边减速驱动系统将驱动电机安装在副车架的驱动轮旁边，与固定速比的减速器连接，通过半轴实现对车轮的驱动，是从集中式驱动到轮毂电机驱动的过渡形式。轮边电机驱动的汽车传动链和传动空间进一步减小，底盘机械结构更简单，整车质量减小且布置更合理，可提高传动效率。

a) 轮边减速驱动桥解剖图

b) 比亚迪 K9 电动客车轮边减速驱动桥

图 1-25　比亚迪 K9 电动客车轮边减速驱动桥

5. 轮毂电机驱动系统

轮毂电机驱动系统又称车轮内装电机技术（in-wheel motor），如图 1-26 所示，通过将驱动电机安装在车轮内部，输出转矩直接作用到车轮，全部或部分舍弃传统的离合器、减速器、驱动桥等机械传动部件，因此将电动汽车的机械部分大为简化。采用轮毂电机驱动的汽车可以获得更好的空间利用率，同时传动效率也要高出不少。下面为传统汽车、纯电动汽车和轮毂电机驱动纯电动汽车的驱动系统性能进行对比分析，见表 1-9。

表 1-9　传统汽车、纯电动汽车和轮毂电机驱动纯电动汽车的驱动系统性能对比分析

项目	传统汽车	纯电动汽车	轮毂电机驱动纯电动汽车
动力传动系统零件数量	超过 500 个零部件	超过 300 个零部件	不超过 80 个零部件
能量转化(利用)效率	最高 20%	最高 80%	大于 90%
温室气体排放	有	零排放	零排放
动力传动系统的维护费用	高昂的维护费用	较高的维护费用	较低的维护费用
A0 级车型测试工况能耗(百公里)	7~8L 油 (1 升油≈8kW·h)	15~16kW·h (1kW·h=1 度电)	8~9kW·h
A0 级车型测试等速能耗(百公里)	5~6L 油	10~12kW·h	6~7kW·h
A0 级车型整车综合能源转换效率	20%~30%	65%~70%	88%~90%

轮毂电机具备单个车轮独立驱动的特性，因此无论是前轮驱动、后轮驱动还是四轮驱动，都可以比较轻松地实现，四轮驱动在轮毂电机驱动的汽车上实现起来非常容易。同时轮毂电机可以通过左右车轮的不同转速甚至反转实现类似履带式车辆的差动转向，大大减小了车辆的转弯半径，在特殊情况下几乎可以实现原地转向（不过此时对车辆转向机构和轮胎的磨损较大），对于特种车辆很有价值。

图 1-26　轮毂电机驱动系统

6. 双电机驱动系统

随着海外车企电动化加速，高端车型投放量也日益增加，例如特斯拉 Model 3、捷豹 I-PACE、奔驰 EQC、奥迪 e-tron 等。这些车型都配置了双电机（Model 3 还有单电机版本），如图 1-27 所示，豪华电动汽车多采用双电机方案。相比于高端四驱燃油汽车，电动汽车动力总成体积小、结构简单，因此前后轴可以分别装载一套动力总成。双电机方案可以避免使用大功率单电机和逆变器时出现的问题，并可通过合理使用策略提升动力系统的效率。相关的测试结果表明，相同总输出功率下双电机方案比单电机方案在城市和市郊路况下百公里电耗可分别减少 1% 和 3%。

三、驱动电机控制系统的结构组成

驱动电机控制系统一般由电机、智能功率模块、传感器和控制单元组成。电机控制器内的功率转换器件在进行 DC/AC 转换过程中产生热量，因此电机控制器通常都是用冷却液进行散热，如图 1-28 所示为驱动电机控制器内部结构。

控制单元也叫 MG ECU，是电机控制器的核心部件，它主要负责接收外界的信号进行解析，计算驱动系统所需的转矩、转速、方向，最终输出信号控制智能功率模块。

智能功率模块用于接受动力电池输送的直流电电能，根据控制单元的指令逆变成三相交流电给驱动电机提供电源。

传感器用于接收电机温度、电控温度及电机转速、电流等信号。控制单元根据电机运转情况进行实时控制。如图 1-29 所示为高压三相无刷电机驱动框图。

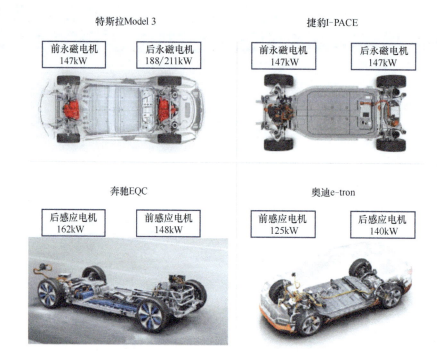

图 1-27　豪华电动汽车多采用双电机方案

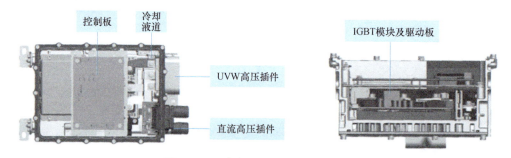

图 1-28　驱动电机控制器内部结构图

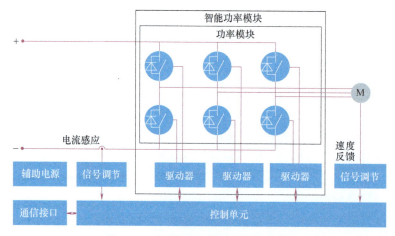

图 1-29　高压三相无刷电机驱动框图

任务实施

1. 任务方案制订

本次实训任务主要是认识电动汽车驱动系统结构。分组查阅相关资料，学习电动汽车驱动系统结构知识，制订任务方案。

2. 实施准备工作

1）防护装备：工作服、绝缘鞋、棉手套。

2）实训整车、驱动电机教学设备。

3）举升机、安全防护工具、设备。

3. 详细操作步骤

步骤与图示	方法与结果
①举升车辆,查看传统燃油汽车的底盘结构,分析其动力传递路线 	是否完成 □ 完成 □ 未完成 原因：
②举升车辆,查看纯电动汽车的底盘结构,分析其动力传递路线  	是否完成 □ 完成 □ 未完成 原因：

（续）

步骤与图示	方法与结果
③举升车辆,查看混合动力汽车的底盘结构,分析其动力传递路线 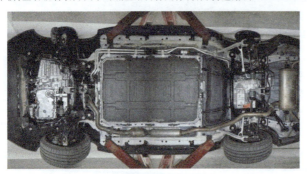	是否完成 □ 完成 □ 未完成 原因:

典型驱动电机的工作原理

▶ 情境描述

新能源汽车驱动电机是工业电机的一种，与工业用电机的原理与结构一致，区别在于应用场景和性能参数。对于新能源汽车驱动电机而言，电机的效率、功率密度和可靠性是用户选择时主要考量的，同时考虑到驱动电机转速较高和工作环境较为恶劣，整体技术要高于一般的标准工业电机。

目前主流的驱动电机是永磁同步电机，占装机量的90%以上；交流异步电机在特斯拉等车型中仍在应用，其具备转速高、可靠性好等优势，适合运动型乘用车；开关磁阻电机尽管在多项性能指标上有优势，但是由于其结构导致的转矩脉动会使电机的噪声和振动较大，目前仅在少量工程车辆中有应用。

▶ 情境目标

1. 能说出新能源汽车常用驱动电机的结构及工作原理。
2. 能完成新能源汽车驱动电机更换操作。

任务1　认知直流电机

任务目标

1. 了解直流电机结构组成。
2. 掌握电动汽车直流电机的工作原理。
3. 掌握电动汽车直流电机的更换操作。

任务导入

老张的老年代步电动汽车最近出现了加速无力、电机运转无力的现象，需要对车辆电机进行拆卸修复，假如你是技师，应该如何操作呢？

知识链接

直流电机是指通入直流电产生机械运动的电机。按励磁方式的不同，直流电机分为励磁绕组式直流电机和永磁式直流电机，前者的励磁磁场是可控的，后者的励磁磁场是不可控的。由于控制方式简单，控制技术成熟，直流电机曾广泛应用于早期的电动汽车驱动系统。如图 2-1 所示。

一、直流电机的结构

直流电机由静止的定子（励磁）和旋转的转子（电枢）两部分组成。定子和转子之间的间隙称为气隙。定子是电机静止不动的部分。定子的主要作用是产生气隙磁场，由主磁极、换向极、机座和电刷装置等组成。直流电机结构图如图 2-2 所示。

图 2-1　直流电机

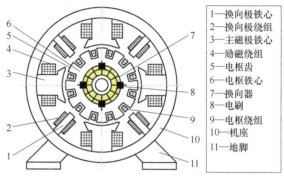

1—换向极铁心
2—换向极绕组
3—主磁极铁心
4—励磁绕组
5—电枢齿
6—电枢铁心
7—换向器
8—电刷
9—电枢绕组
10—机座
11—地脚

图 2-2　直流电机结构图

1. 主磁极

建立主磁场。主磁极由主磁极铁心和套装在铁心上的励磁绕组构成，结构如图 2-3a 所示。主磁极铁心靠近转子一端扩大的部分称为极靴，它的作用是使气隙磁阻减小。

2. 换向极

改善换向，用钢板制造或用钢板冲片叠压而成，如图 2-3b 所示。

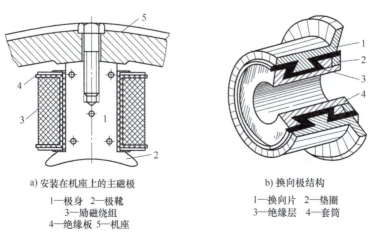

a) 安装在机座上的主磁极
1—极身　2—极靴
3—励磁绕组
4—绝缘板　5—机座

b) 换向极结构
1—换向片　2—垫圈
3—绝缘层　4—套筒

图 2-3　主磁极与换向极

3. 励磁绕组

采用漆包线绕制在主磁极上，通直流电产生磁场。

4. 机座

由铸钢或钢板焊接而成，既是电机的机械支撑又是主磁路的一部分。

5. 电刷装置

主要由电刷和电刷架组成，引出或引入直流电。

6. 电枢铁心

主磁路，嵌放电枢绕组，用硅钢板冲片叠压而成。

7. 电枢绕组

用漆包线绕制，按照一定规律串联。通过电流或感应电动势实现将电能转换为机械能。

8. 换向器

铜制换向片，与电刷配合使用，改变电枢绕组电流或感应电动势的方向。

二、直流电机的励磁方式

1. 他励直流电机

励磁回路的电流由外电源供给，与电枢回路没有电的联系。

2. 并励直流电机

励磁回路与电枢回路是并联的，励磁回路两端的电压就是电枢回路两端的电压。

3. 串励直流电机

励磁回路与电枢回路是串联的，励磁回路的电流与电枢回路的电流相等。

4. 复励直流电机

主极有两个励磁绕组，一个与电枢绕组并联，另一个和电枢绕组串联。

不同励磁方式的电机内部结构如图 2-4 所示。

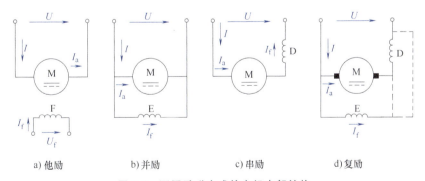

a) 他励   b) 并励   c) 串励   d) 复励

图 2-4　不同励磁方式的电机内部结构

三、直流电机的工作原理

直流电机的工作原理如图 2-5 所示。直流电源通过电刷 A（正极）和 B（负极）引入电枢绕组，则线圈 abcd 中流过电流，在导体 ab 中，电流由 a 流向 b，在导体 cd 中，电流由 c 流向 d。导体 ab 和 cd 分别处于 N 与 S 极磁场中，受到电磁力的作用。用左手定则判断可知导体 ab 和 cd 均受到电磁力的作用，且形成的转矩方向一致，这个转矩称为电磁转矩，为逆时针方向。这样，电枢就顺着逆时针方向旋转，如图 2-5a 所示。当电枢旋转 180°，导体 cd 转到 N 极下，ab 转到 S 极下，如图 2-5b 所示，由于电流仍从电刷 A 流入，使 cd 中的电流变为由 d 流向 c，而 ab 中的电流由 b 流向 a，从电刷 B 流出，用左手定则判断可知，电磁转矩的方向仍是逆时针方向。

由此可见，加在直流电机的直流电源，借助于换向器和电刷的作用，使直流电机电枢绕组中流过的电流方向是交变的，从而使电枢产生的电磁转矩的方向恒定不变，确保直流电机按确定的方向连续旋转。

实际的直流电机，电枢圆周上均匀地嵌放许多线圈，换向器也由许多换向片组成，使电枢绕组所产生的总的电磁转矩足够大并且比较均匀，电机的转速也就比较均匀。

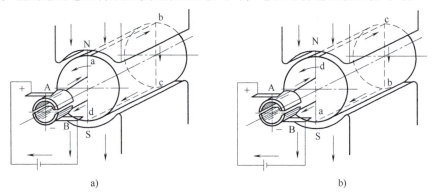

a)   b)

图 2-5　直流电机的工作原理

四、直流电机的特点

1. 调速性能好
直流电机可以在重负荷条件下，实现平滑的无级调速，而且调速范围较宽。

2. 起动转矩大
直流电机起动转矩大且可以均匀经济地实现转速调节，因此，凡是在重负荷下起动或是要求均匀调节转速的机械，都可以使用直流电机。

3. 控制简单
直流电机一般用斩波器控制，具有效率高、控制灵活、质量和体积小、响应速度快等优点。

4. 易磨损
由于存在电刷、换向器等易损件，所以必须进行定期维护或更换。

五、新能源汽车直流电机的性能要求

1. 抗振动性
由于直流电机具有较重的电枢，所以在颠簸路况行驶时，车辆振动会影响到轴承所承受的机械应力，对这个应力进行监控和采取相应的对策是很有必要的。同时，由于振动很容易影响到换向器和电刷的滑动接触，所以必须采取提高电刷弹簧预紧力等措施。

2. 环境适应性
当直流电机作为新能源汽车的驱动电机时，与在室外使用的环境大致相同，所以要求在设计时充分考虑密封的问题，防止灰尘和水汽侵入电机，另外还要考虑电机的散热性能。

3. 低能耗性

为了延长续驶里程以及抑制电机的温升，尽量保持低损耗和高效率成为直流电机的重要特性。近年来，由于稀土系列永磁体的研究开发，直流电机的效率已明显提高，能耗明显减低。

4. 抗负载波动性

车辆在不同路况下行驶时，电机的负荷会有较大的变动，因此有必要对额定条件的设定加以重点考虑。在市区行驶时，由于交通信号密集及道路拥挤等因素，车辆起动、加速和制动等工况较频繁，不可避免地经常在最大功率下运行，此时电刷与换向器之间的电火花和磨损非常剧烈，因此必须注意换向极和补偿绕组的设计。在郊外行驶时，电机的输出速度较高，转矩较低，一般要以高效率的额定条件运行，而直流电机在高速运行情况下，对其换向器部分的机械应力和换向条件的要求会变得严格，因此在大型车辆驱动系统中大多设置变速器以达到提高起动转矩的目的。

5. 小型化、轻量化

为了获得更大的车载空间以及减小整车质量，小型化和轻量化成为驱动电机的必然趋势。直流电机的转子部分含有较大比例的铜，如电枢绕组和换向器片都是使用铜，所以与其他类型的电机相比，直流电机的小型化和轻量化更难以实现。目前可以通过采用高磁导率、低损耗的电磁钢板减少磁性负荷，虽然增加了成本，但可以实现轻量化。

6. 免维护性

对于电刷，根据负荷情况和运行速度等的不同，更换时间和维修的次数也是不同的。相应的解决方法是：采用不损伤换向器的电刷材质，并且将检查端口设计得较大，以延长电刷的使用寿命且便于维修、更换。

任务实施

1. 任务方案制订

本次实训任务主要是完成对小型直流电机的拆卸与安装。分组查阅相关资料，学习直流电机基本结构知识，制订就车拆装的任务方案。

2. 实施准备工作

1）防护装备：工作服、绝缘鞋、棉手套。
2）直流电机、拆装工作台。
3）拆装常用工具、设备。
4）辅助材料：抹布、清洁剂。

3. 详细操作步骤

步骤与图示	方法与结果
①检查直流电机外表是否有损伤	是否完成 □ 完成 □ 未完成 原因：

（续）

步骤与图示	方法与结果
②用螺钉旋具拆卸壳体上左右两个电刷孔的固定螺母 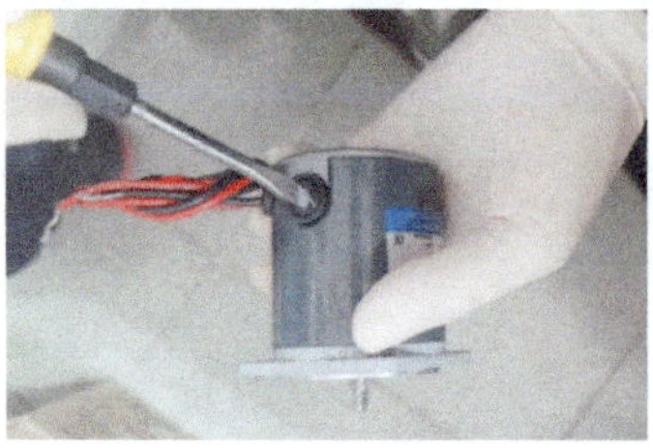 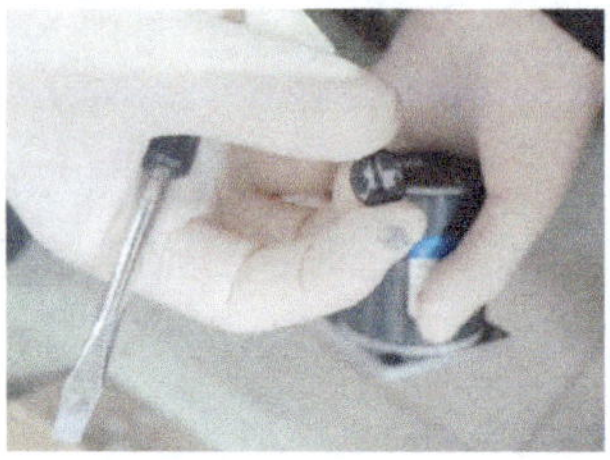	是否完成 □ 完成 □ 未完成 原因：
③取下左右电刷孔中的两个电刷 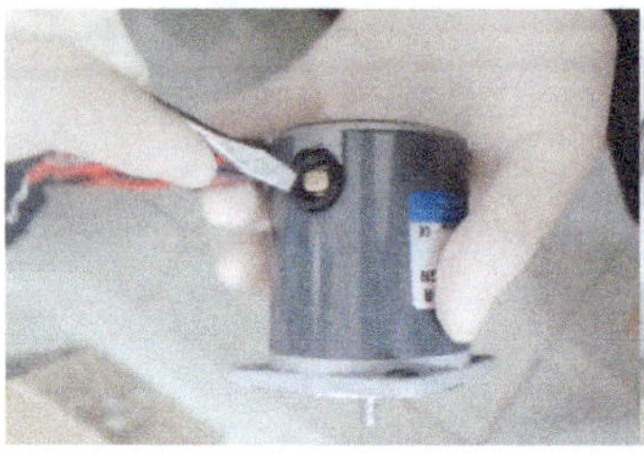 	是否完成 □ 完成 □ 未完成 原因：
④拆卸后端盖与壳体的两个固定螺栓 	是否完成 □ 完成 □ 未完成 原因：
⑤用手拉出直流电机前端盖 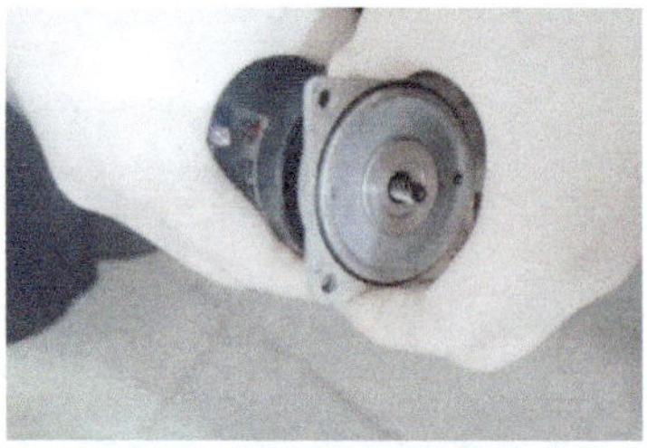 	是否完成 □ 完成 □ 未完成 原因：
⑥用手拉出直流电机后端盖 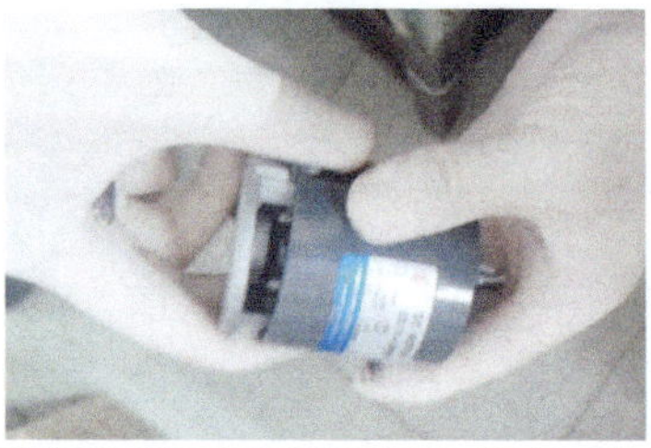 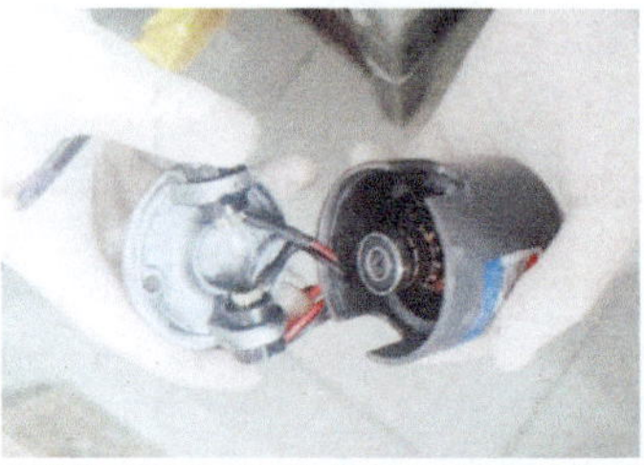	是否完成 □ 完成 □ 未完成 原因：

（续）

步骤与图示	方法与结果
⑦用手取出电枢转子及波形弹簧垫片 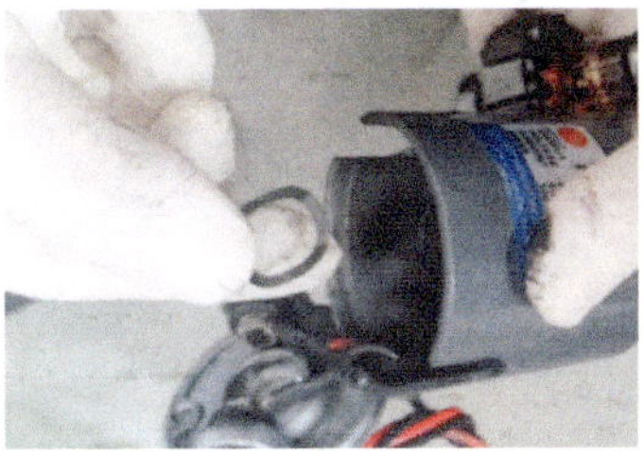 	是否完成 □ 完成 □ 未完成 原因：
⑧按照与拆卸相反的顺序安装直流电机	是否完成 □ 完成 □ 未完成 原因：

任务2　认知交流异步电机

任务目标

1. 了解交流异步电机结构组成。
2. 掌握电动汽车交流异步电机的工作原理。
3. 掌握电动汽车交流异步电机的更换操作。

任务导入

一辆 2018 年生产的北汽 EC180 电动汽车，由于车辆停放在低洼处而造成水淹事故，现需要对车辆电机进行拆卸修复，假如你是技师，应如何操作呢？

知识链接

如果电机转子的转速不等于定子旋转磁场的转速，转子与定子旋转磁场在空间旋转时不同步，这种电机就称为异步电机。

三相异步电机的定子和转子由层叠、压紧的硅钢片组成；在转子和定子之间没有相互接触的部件，如图 2-6 所示。

三相异步电机的定子绕组是一个对称的三相绕组。当三相异步电机接到三相电源上时，定子绕组就能够产生一个旋转磁场。该磁场切割转子绕组，在转子绕组中产生感应电动势。如果转子绕组电路闭合，则会产生转子电流，该电流与定子旋转磁场相互作用，使转子绕组导体受到电磁力的作用，从而使转子跟着定子旋转磁场同方向旋转，电机就能带动机械负荷。如果三相异步电机转子的转速与旋转磁场的转速相同，则转子绕组的导体不切割旋转磁场的磁力线，导体中就没有感应电动势和电流，也就不会产生电磁力使转子转动。

图 2-6　三相异步电机结构

一、三相异步电机的基本结构

三相异步电机的种类很多，但各类三相异步电机的基本结构是相同的，它们都由定子和转子两大部分组成，在定子和转子之间具有一定的气隙。此外，还有端盖、轴承、风扇、风扇罩、接线盒、吊环等其他附件。

（1）定子部分　定子部分是用来产生旋转磁场的，三相交流异步电机的定子由外壳、定子铁心、定子绕组等部分组成。

1）外壳。外壳是三相电机机械结构的重要组成部分，它由机座、端盖、轴承盖、风罩、接线盒和吊环等组成。外壳的外表都铸有散热片，以扩大散热面积，有利于电机散热。

2）定子铁心。交流异步电机定子铁心是电机磁路的一部分，由 0.35～0.5mm 厚的冷轧片叠压而成，如图 2-7 所示。

3）定子绕组。定子绕组是三相电机的电路部分，三相电机有三相绕组，通入三相对称交流电流时，就会产生旋转磁场。三相绕组由 3 个彼此独立的绕组组成，且每个绕组又由若干线圈连接而成。每个绕组称为一相，3 个绕组在空间互相间隔 120°，线圈由绝缘铜导线或绝缘铝导线绕制而成，如图 2-8 所示。

图 2-7　定子铁心

图 2-8　定子绕组

（2）转子部分　异步电机的转子分为绕线转子与笼型两种，因此称为绕线转子异步电机与笼型异步电机。

1）绕线转子异步电机转子。采用 0.5mm 厚的硅钢片叠压而成，套在转轴上，其作用和定子铁心相同，一方面作为电机磁路的一部分，一方面用来安放转子绕组，如图 2-9 所示。

2）笼型异步电机转子。在转子铁心的每一个槽中插入一根铜条，在铜条两端各用一个铜环（称为端环）把导条连接起来，称为铜排转子，如图 2-10a 所示；也可用浇铸的方法，把转子导条用铝材一次浇铸而成，称为铸铝转子，如图 2-10b 所示。

图 2-9　绕线转子异步电机转子

a) 插入式笼型异步电机转子

b) 浇铸式笼型异步电机转子

图 2-10　笼型异步电机转子

二、三相异步电机的工作原理

图 2-11 给出了一对磁极交流电机在三相交流电的作用下定子上形成的旋转磁场。定子中的旋转磁场转速与电源频率称为同步转速，用 n_0 表示。

$$n_0 = 60f_1/p$$

式中　f_1——电源频率；

　　　p——定子绕组的磁极对数。

由于转子中的电流是通过电磁感应产生的，转子的电流磁场与旋转磁场相互作用才使得转子转动，所以这种电机称为感应式电机。另外，转子中之所以能产生感应电动势，是由于转子导体切割了旋转磁场的磁力线，由图 2-12 可以看出，为了切割旋转磁场的磁力线，转子与磁场必须有相对运动，即转子的转速低于磁场的转速才能产生感应电动势。

图 2-13 所示为定子的旋转磁场，这样转子的转速与旋转磁场的转速不同步，故交流电机也称为异步电机。这种特性可用转差率 s 来表征。

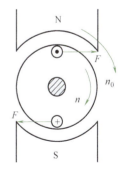

图 2-11　三相异步电机的旋转磁场

$$s = \left(\frac{60f_1}{p} - n \right) \frac{p}{60f_1}$$

$$n = 60f_1(1-s)/p$$

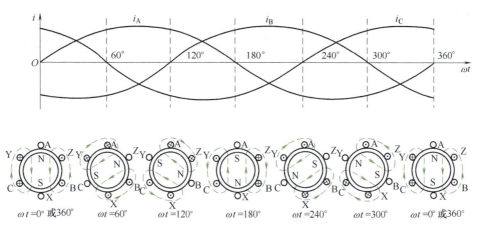

图 2-12　三相异步电机旋转磁场的产生

上面式子中，f_1 为电源频率；n 为同步转速；p 为磁极对数。$n=0$ 时，$s=1$；$n=n_0$ 时，$s=0$。转差率在 0~1 时，电机处于运行状态，计算电机的运行状态时，s 起到重要的作用。由上述公式可知，n 与 f_1、s、p 有关，要改变异步电机的转速有 3 种方法，即改变转差率、改变磁极对数和改变电源供电频率。

交流感应电机具有以下性能特点。

1）小型轻量化。

2）易实现转速超过 10000r/min 的高速旋转。

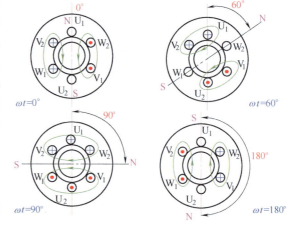

图 2-13　定子的旋转磁场

3）高转速、低转矩、运行效率高。

4）低速时有高转矩输出、具有较宽的速度调节范围。

5）高可靠性。

6）制造成本低。

 任务实施

交流异步电动机拆装

1. 任务方案制订

本次实训任务主要是完成对小型异步电机的拆卸与安装。分组查阅相关资料，学习异步电机基本结构知识，制订就车拆装的任务方案。

2. 实施准备工作

1）防护装备：工作服、绝缘鞋、棉手套。

2）异步电机、拆装工作台。

3）拆装常用工具、设备。

4）辅助材料：抹布、清洁剂。

3. 详细操作步骤

步骤与图示	方法与结果
①拆卸霍尔式位置传感器接线端盖 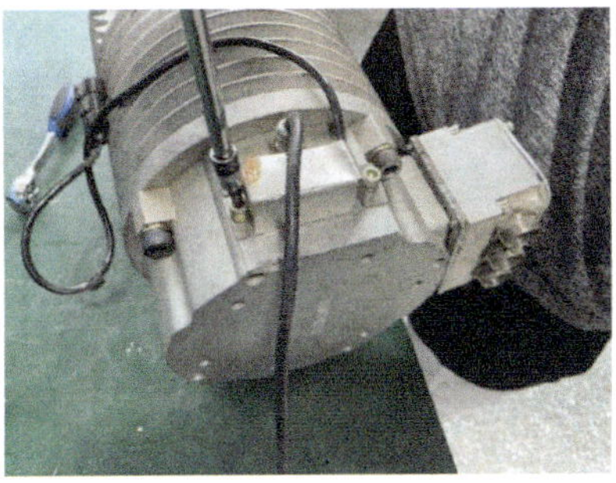	是否完成 □ 完成 □ 未完成 原因：
②拆卸霍尔式位置传感器线束插头 	是否完成 □ 完成 □ 未完成 原因：
③拆卸电机温度传感器线束固定螺母 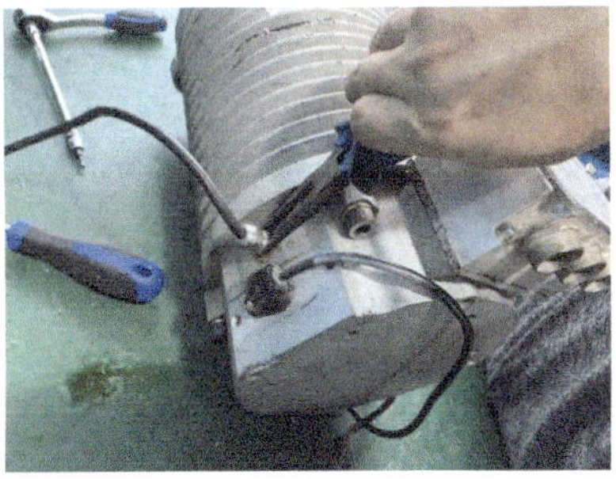	是否完成 □ 完成 □ 未完成 原因：
④拆卸电机三相线束接线端壳体  	是否完成 □ 完成 □ 未完成 原因：

（续）

步骤与图示	方法与结果
⑤拆卸电机后端盖 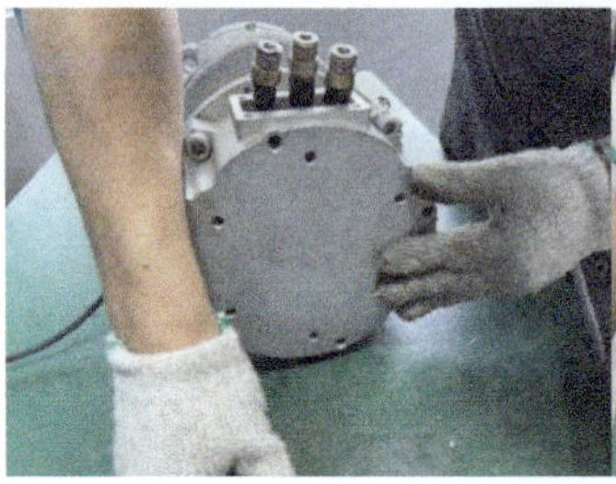 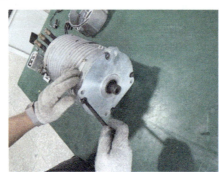	是否完成 □ 完成 □ 未完成 原因：
⑥拆卸电机前端盖 	是否完成 □ 完成 □ 未完成 原因：
⑦取出电机转子绕组 	是否完成 □ 完成 □ 未完成 原因：
⑧观察电机的组成部件 	是否完成 □ 完成 □ 未完成 原因：

（续）

步骤与图示	方法与结果
⑨按照与拆卸相反的顺序安装异步电机	是否完成 □ 完成 □ 未完成 原因：

任务3 认知永磁同步电机

任务目标

1. 了解永磁同步电机结构组成。
2. 掌握电动汽车永磁同步电机的工作原理。
3. 掌握电动汽车永磁同步电机的更换操作。

任务导入

一辆2018年生产的帝豪EV450电动汽车，由于车辆停放在低洼处造成水淹事故，现需要对车辆电机进行拆卸修复，假如你是技师，应如何操作呢？

知识链接

永磁同步电机具有高效、高控制精度、高转矩密度、低噪声的特点，通过合理设计永磁磁路结构能获得较高的弱磁性能，在电动汽车特别是高档电动汽车驱动方面具有很高的应用价值，已经受到国内外电动汽车界的高度重视，并在中国得到了普遍应用，是最具竞争力的电动汽车驱动电机。

研制开发电动汽车的关键主要有两个方面：一是生产高能量密度的电池，二是开发性能优良的驱动系统。在各类驱动电机中，永磁同步电机的能量密度高、效率高、体积小、惯性低、响应快，有很好的应用前景。

永磁电机有多种分类方法，根据输入电机接线端的电流种类不同可分为永磁直流电机（BLDC）和永磁交流电机（PMSM）。永磁交流电机没有电刷和集电环，因此也可称为永磁无刷电机。根据输入电机接线端的交流波形，永磁无刷电机可分为永磁同步电机和永磁无刷直流电机。输入永磁同步电机的是交流正弦或者近似正弦波，采用连续转子位置反馈信号来控制换向；而输入永磁无刷直流电机的是交流方波，采用离散转子位置反馈信号控制转向。已有的永磁电机可分为永磁直流电机、永磁同步电机、永磁无刷直流电机和永磁混合式电机。其中，永磁同步电机、永磁无刷直流电机、永磁混合式电机没有传统直流电机的电刷和换向器，故统称为永磁无刷电机。在电动汽车中，永磁同步电机应用广泛，以下做重点介绍。

一、永磁同步电机的结构

永磁同步电机的结构如图2-14所示，和传统电机一样，主要由定子和永磁同步电机转子两大部分构成。

永磁同步电机的定子与普通电机的定子基本相同，由电枢铁心和电枢绕组构成。电枢铁心一般采用0.5mm硅钢片冲制叠压而成，对于具有高效率指标或频率较高的电机，为减少铁耗，可以考虑使用0.35mm的低损耗冷轧无取向硅钢片。

电枢绕组普遍采用分布、短距绕组；对于极数较多的电机，普遍采用分数槽绕组；需要进一步改善电动势波形时，可以考虑采用正弦绕组或其他绕组。如图2-15所示。

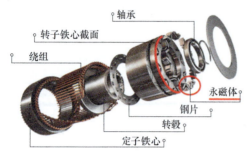

图2-14　永磁同步电机结构

图2-15　永磁同步电机定子绕组

永磁同步电机的转子主要由永磁体、转子铁心和转轴等构成。其中，永磁体主要采用铁氧体永磁和钕铁硼永磁材料；转子铁心可根据磁极结构的不同，选用实心钢或采用钢板、硅钢片冲制后叠压而成。永磁同步电机原理与构造如图2-16所示。

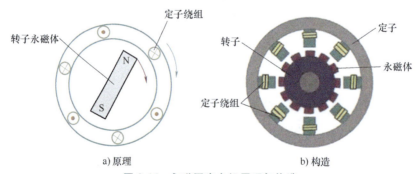

a) 原理　　　　　　　　　b) 构造

图2-16　永磁同步电机原理与构造

与普通电机相比，永磁同步电机必须装有转子永磁体位置检测器，用来检测磁极位置，并以此对电枢电流进行控制，达到对永磁同步电机驱动控制的目的。

按照永磁体在转子上位置的不同，永磁同步电机的转子磁路结构可分为表面式（SPM）和内置式（IPM）两种，如图2-17所示。

1. 表面式转子磁路结构

表面式转子磁路结构中，永磁体通常呈瓦片形，并位于转子铁心的外表面上，如图2-18所示永磁体提供磁通的方向为径向。表面式结构分为凸出式和嵌入式两种。对采用稀土永磁材料的电机来说，由于永磁材料的相对回复磁导率接近，所以表面凸出式转子在电磁性能上属于隐极转子结构；而嵌入式转子的相邻两永磁磁极间有着磁导率很大的铁磁材料，故在电磁性能上属于凸极转子结构。

表面凸出式转子结构具有结构简单、制造成本较低、转动惯量小等优点，在矩形波永磁同步电机和恒功率运行范围不宽的正弦波永磁同步电机中得到了广泛应用。此外，表面凸出

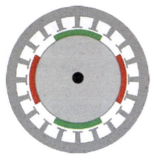
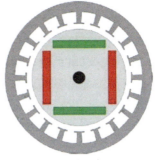

a) 表面式　　　　　　　　　　　　　b) 内置式

图 2-17　永磁同步电机转子磁路结构

式转子结构中的永磁磁极易于实现最优设计，使之成
为能使电机气隙磁密波形趋近于正弦波的磁极形状，
可显著提高电机乃至整个传动系统的性能。

　　表面嵌入式转子结构可充分利用转子磁路的不对
称性所产生的磁阻转矩，提高电机的功率密度，动态
性能较凸出式有所改善，制造工艺也较简单，常被某
些调速永磁同步电机采用，但漏磁系数和制造成本都
比凸出式大。

图 2-18　表面式转子磁路结构

2. 内置式转子磁路结构

　　内置式转子磁路结构的永磁体位于转子内部，永磁体外表 SPM 面与定子铁心内圆之间
有铁磁材料制成的极靴，极靴中可以放置铸铝笼或铜条，起阻尼或起动作用，动态、稳态性
能好，广泛用于要求有异步起动能力或动态性能高的永磁同步电机。内置式转子内的永磁体
受到极靴的保护，其转子磁路结构的不对称性所产生的磁阻转矩也有助于提高电机的过载能
力或功率密度，而且易于弱磁扩速。

　　按永磁体磁化方向与转子旋转方向的相互关系，内置式转子结构可分为径向式、切向式
和混合式 3 种，如图 2-19 所示。

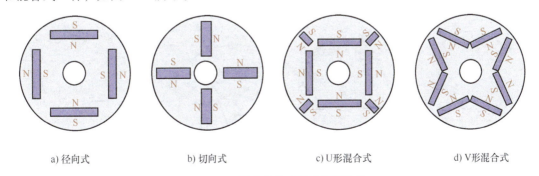

a) 径向式　　　　　　b) 切向式　　　　　　c) U形混合式　　　　　　d) V形混合式

图 2-19　不同种类的内置式转子结构

　　径向式转子结构的永磁同步电机的磁钢或者放在磁通轴的非对称位 S 上，或同时利用径
向、切向充磁的磁钢以产生高磁通密度。该结构的优点是漏磁系数小，转轴上不需要采取隔
磁措施，极弧系数易于控制，转子冲片机械强度高，安装永磁体后转子不易变形等。

切向式转子结构的转子有较大的惯性，漏磁系数较大，制造工艺和成本较径向式有所增加。其优点是各极距下的磁通由相邻两个磁极并联提供，可得到更大的每极磁通。尤其当电机极数较多、径向式结构不能提供足够的每极磁通时，这种结构的优势就显得更为突出。此外，采用该结构的永磁同步电机的磁阻转矩可占到总电磁转矩的 40%，对提高电机的功率密度和扩展恒功率运行范围都是很有利的。

混合式转子结构集中了径向式和切向式的优点，但结构和制造工艺都比较复杂，制造成本也比较高。混合式转子结构还可细分为 5 种形式，如图 2-20 所示。目前新能源汽车驱动电机均采用混合式转子。

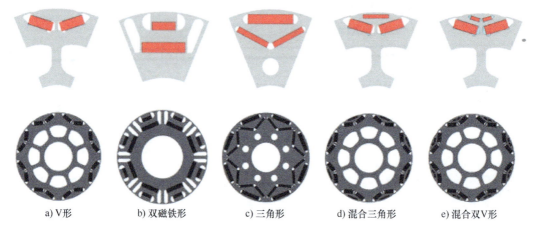

| a) V形 | b) 双磁铁形 | c) 三角形 | d) 混合三角形 | e) 混合双V形 |

图 2-20　不同类型的混合式转子结构

二、永磁同步电机的工作原理

1. 驱动电机驱动

如图 2-21 所示为永磁同步电机驱动原理，三相交流电经过定子的三相绕组时，电机内产生旋转磁场。通过转子的旋转位置和转速控制该旋转磁场，转子中的永久磁铁受到旋转磁

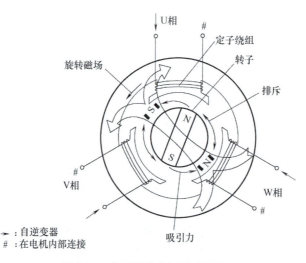

→：自逆变器
#：在电机内部连接

图 2-21　永磁同步电机驱动原理

场的吸引而产生转矩。产生的转矩与电流大小大致成比例，且转速由交流电的频率控制，如图 2-22 所示。此外，通过适当控制旋转磁场与转子磁铁角度，可以有效地产生大转矩和高转速。

如图 2-23 所示为永磁同步电机结构简图，电机发电时，转子旋转产生旋转磁场，在定子绕组内产生电流。如图 2-24～图 2-27 为定子绕组的极性和磁性时刻变化图。

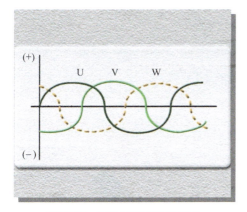

图 2-22　三相交流电输出波形

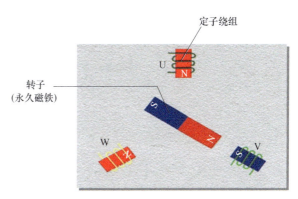

图 2-23　永磁同步电机结构简图

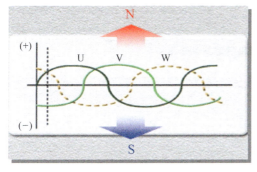

图 2-24　定子绕组的极性和磁性时刻变化图 1

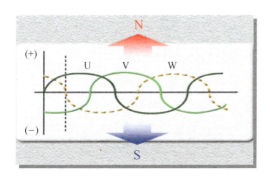

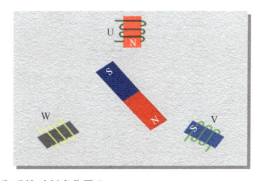

图 2-25　定子绕组的极性和磁性时刻变化图 2

2. 驱动电机转速和转矩控制

日常行驶中，电动汽车电机需要适应由于路况、速度的变化而发生的改变，因此，驱动电机必须能够进行转速、转矩的调节。电机控制器通过控制输出电流及改变绕组的磁场强度

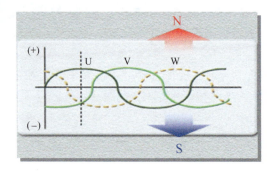
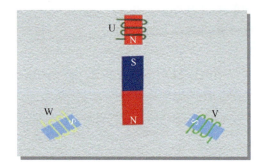

图 2-26　定子绕组的极性和磁性时刻变化图 3

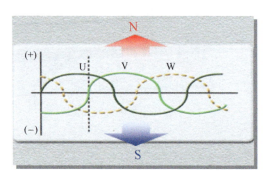
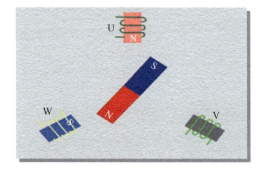

图 2-27　定子绕组的极性和磁性时刻变化图 4

就能改变电机的转矩。通过改变控制三相电机的频率就能改变电机的旋转速度，从而达到驾驶人的目标值。如图 2-28 所示。

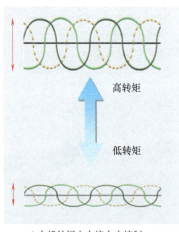
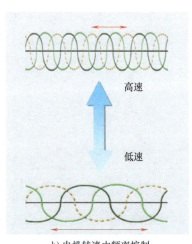

a) 电机转矩由电流大小控制　　　　　　　　　b) 电机转速由频率控制

图 2-28　驱动电机转矩和转速控制

三、永磁同步电机的特点

近年来，随着电力电子技术、微电子技术、新型电机控制理论和稀土永磁材料的快速发展，永磁同步电机得以迅速地推广应用。与传统的电励磁同步电机相比，永磁同步电机，特别是稀土永磁同步电机具有损耗少、效率高、节电效果明显的优点。

1. 永磁同步电机的优点

1）用永磁体取代绕线转子同步电机转子中的励磁绕组，从而省去了励磁绕组、集电环和电刷，以电子换相实现无刷运行，结构简单、运行可靠。

2）永磁同步电机的转速与电源频率间始终保持准确的同步关系，控制电源频率就能控制电机的转速。

3）永磁同步电机具有较硬的机械特性，对于因负载的变化而引起的电机转矩的扰动有较强的承受能力，瞬间最大转矩可以达到额定转矩的3倍以上，适合在负载转矩变化较大的工况下运行。

4）永磁同步电机的转子为永磁铁，无须励磁，因此电机可以在很低的转速下保持同步运行，调速范围宽。

5）永磁同步电机与异步电机相比，不需要无功励磁电流，因而功率因数高，定子电流和定子铜耗小，效率高。

6）体积小、质量小。近些年来随着高性能永磁材料的不断应用，永磁同步电机的功率密度有很大提高，与同容量的异步电机相比，体积和质量都有较大的减小，使其适合应用在许多特殊场合。

7）结构多样化，应用范围广。永磁同步电机由于转子结构的多样化，产生了特点和性能各异的许多品种，其应用从工业到农业、从民用到国防、从日常生活到航空航天、从简单电机到高科技产品，几乎无所不在。

2. 永磁同步电机的缺点

1）由于永磁同步电机转子为永磁体，无法调节，必须通过加定子直轴去磁电流分量来削弱磁场，这会增大定子的电流，增加电机的铜耗。

2）永磁同步电机的磁钢价格较高。

由此可见，永磁同步电机具有体积小、质量小、转动惯量小、功率密度高（可达1kW/kg）的特点，适用于电动汽车空间有限时；另外，转矩惯量比大、过载能力强，尤其低转速时输出转矩大，适合电动汽车的起动加速。

任务实施

1. 任务方案制订

本次实训任务主要是完成对小型永磁同步电机的拆卸与安装。分组查阅相关资料，学习永磁同步电机基本结构知识，制订就车拆装的任务方案。

永磁同步
电机拆装

2. 实施准备工作

1）防护装备：工作服、绝缘鞋、棉手套。

2）永磁同步电机、拆装工作台。

3）拆装常用工具、设备。

4）辅助材料：抹布、清洁剂。

3. 详细操作步骤

步骤与图示	方法与结果
①目视检查电机外观 	是否完成 □ 完成 □ 未完成 原因：
②分离电机及其减速机构  	是否完成 □ 完成 □ 未完成 原因：
③拆卸电机后端盖风扇罩  	是否完成 □ 完成 □ 未完成 原因：
④拆下电机轴卡簧,分离风扇  	是否完成 □ 完成 □ 未完成 原因：

（续）

步骤与图示	方法与结果
⑤拆卸电机后端防尘盖 	是否完成 □ 完成 □ 未完成 原因：
⑥拆卸霍尔式位置传感器 	是否完成 □ 完成 □ 未完成 原因：
⑦拆卸电机前端盖及轴承 	是否完成 □ 完成 □ 未完成 原因： 万用表： □ 正常 □ 不正常
⑧拆卸电机后端盖及轴承 	是否完成 □ 完成 □ 未完成 原因：

（续）

步骤与图示	方法与结果
⑨两个人配合，分离电机转子与定子（注意安全，以免手部划伤） 	是否完成 □ 完成 □ 未完成 原因：
⑩认知电机各部件的名称，观察转子结构 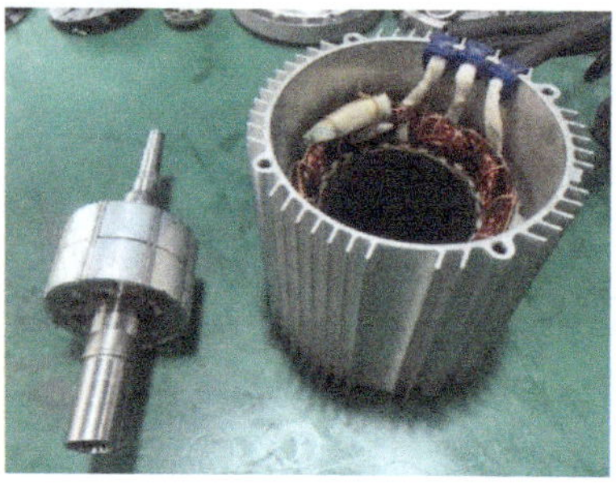	是否完成 □ 完成 □ 未完成 原因： 转子类型：
⑪按照与拆卸步骤相反的顺序安装电机，注意清洁部件并涂抹润滑油	是否完成 □ 完成 □ 未完成 原因：

任务4　认知开关磁阻电机

任务目标

1. 了解开关磁阻电机结构组成。
2. 掌握电动汽车开关磁阻电机的工作原理。
3. 掌握电动汽车开关磁阻电机的更换操作。

任务导入

一辆2016年生产的卡罗拉双擎汽车，出现了驻车机构故障，现需要对车辆驻车电机进行拆卸修复，假如你是技师，应如何操作呢？

开关磁阻电机的研究最早可以追溯到 19 世纪 40 年代，英国研究者将其应用于机车牵引系统。然而直到 20 世纪 60 年代，由于电力电子技术、计算机技术和自动控制理论的发展，开关磁阻电机的设计开发才得以全面开展，其优点才被广泛了解。

开关磁阻电机是在 20 世纪 80 年代初随着电力电子、微电脑和控制理论的迅速发展而发展起来，具有结构简单、运行可靠、成本低、效率高等优点，目前已成为直流电机、交流电机和永磁电机调速系统强有力的竞争者。

开关磁阻电机（Switched Reluctance Motor，SRM）又称反应式同步电机，是一种新型调速电机。与其他类型的驱动电机相比，开关磁阻电机的结构最为简单，定、转子均为普通硅钢片叠压而成的双凸极结构，转子上没有绕组，只是利用磁场中可移动部件企图使磁路磁阻最小的原理，即磁通总是沿磁阻最小的路径闭合，因磁场的扭曲产生切向拉力，因此开关磁阻电机的结构原则是要求转子旋转时磁路的磁阻要有尽可能大的变化。定子装有简单的集中绕组，具有结构简单坚固、可靠性高、质量轻、成本低、效率高、温升低、易于维修等诸多优点。同时，开关磁阻电机具有直流调速系统的可控性好的优良特性，适用于恶劣环境，非常适合作为电动汽车的驱动电机使用。

一、磁阻电机的种类

磁阻电机大致可以分为以下三类：

1）开关磁阻电机。

2）同步磁阻电机。

3）其他类型的磁阻电机。

开关磁阻电机的转子和定子上都有凸极。同步磁阻电机中只有转子才有凸极，定子结构和异步电机定子一样。这里有必要提高转子的凸极性，可以看出在转子的结构上下了很大的功夫。其他类型的磁阻电机作为开关磁阻电机和同步磁阻电机的改进型正日益被人们所关注。

二、开关磁阻电机的结构

开关磁阻电机由定子、转子、位置传感器、机壳、接线柱等部件组成（图 2-29）。其中

图 2-29　开关磁阻电机结构图

定子和转子的凸极有很多种组合方式，开关磁阻电机的定子凸极数量为偶数，转子凸极也为偶数，一般转子比定子少两个，共同组成不同极数的开关磁阻电机。最常见的三相 6/4 开关磁阻电机定子上有 6 个凸极，转子有 4 个凸极；四相 8/6 开关磁阻电机定子上有 8 个凸极，转子上有 6 个凸极，如图 2-30 所示。定子、转子凸极组合方案见表 2-1。

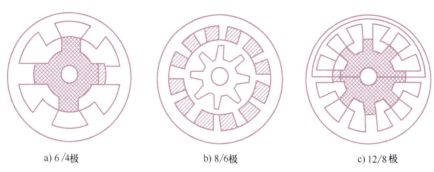

a) 6/4 极　　　　　　　b) 8/6 极　　　　　　　c) 12/8 极

图 2-30　常见的开关磁阻电机组合

表 2-1　定子、转子凸极组合方案

相数	3	4	5	6	7	8	9
定子极数	6	8	10	12	14	16	18
转子极数	4	6	8	10	12	14	16
步进角	30°	15°	9°	6°	4.28°	3.21°	2.5°

三、开关磁阻电机的工作原理

三相开关磁阻电机的剖面如图 2-31 所示。从图可以看出当按 W、V、U 的顺序向定子绕组轮流通电时，定子便产生按顺序变换的磁场，电机的转子即连续不断逆时针转动。反之，如果按 U、V、W 的顺序向定子绕组通电，就可以改变开关磁阻电机转子转动的方向。

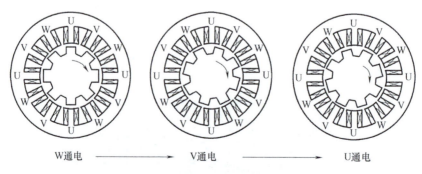

W通电　　　　　　　V通电　　　　　　　U通电

图 2-31　三相开关磁阻电机的剖面

控制器总成通过相位交错（A 相和 B 相）的 2 个霍尔式集成电路（位于转角传感器内）的脉冲和计数检测电机旋转方向、旋转范围和移动范围。检测到移动范围后，存储在控制器存储器内。见表 2-2，开关磁阻电机内的霍尔式传感器检测到 A、B 两相的脉冲变化情况。图 2-32 为开关磁阻电机霍尔式传感器与计数正时的工作特性。

表 2-2 霍尔式传感器脉冲变化情况

计数正时	脉冲变化	
	A 相	B 相
锁止-解锁	OFF-OFF	OFF-ON
	OFF-ON	ON-ON
	ON-ON	ON-OFF
	ON-OFF	OFF-OFF
解锁-锁止	OFF-ON	OFF-OFF
	ON-ON	OFF-ON
	ON-OFF	ON-ON
	OFF-OFF	ON-OFF

四、开关磁阻电机的性能特点

开关磁阻电机（SRM）作为一种新型调速电机，有如下优点：

1）调速范围宽、控制灵活，易于实现各种特殊要求的转矩—速度特性，SRM 起动转矩大、低速性能好，没有异步电机在起动时所出现的冲击电流的现象。在恒转矩区，由于电机

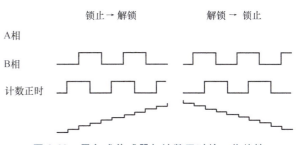

图 2-32 霍尔式传感器与计数正时的工作特性

转速较低，电机反电动势小，可以对电流进行斩波限幅——采用电流斩波控制（CCC）方式，也可采用调节相绕组外加电压有效值的电压 PWM 控制方式；在恒功率区，通过调节主开关的开通角和关断角取得恒功率的特性，即角度位置控制（APC）方式。

2）制造和维护方便。

3）运转效率高，由于 SRM 控制灵活，易在很宽转速范围内实现高效节能控制。

4）可四象限运行，具有较强的再生制动能力。

5）结构简单、成本低、制造工艺简单，转子无绕组，可工作于极高速。定子为集中绕组，嵌放容易、端部短而牢固、工作可靠，适用于各种恶劣、高温甚至强振动环境。

6）转矩方向与电流方向无关，从而减少功率变换器的开关器件数量，减低了成本，同时功率变换器器件减少，也不会出现直通故障，且可靠性高，控制方便，可四象限运行，容易实现正转、反转和起动、制动等特定的调节控制。

7）损耗小，损耗主要产生在定子，电机易于冷却，电机转子不存在励磁及转差损耗，由于功率变换器器件少，相应的损耗也小。

8）可控参数多、调速性能好，可控参数有主开关开通角、主开关关断角、相电流幅值和直流电源电压。

9）适于频繁起、停及正、反转运行。

开关磁阻电机的缺点：

SRM 结构虽然很简单，但其设计和控制较复杂。SRM 磁极端部的严重磁饱和以及磁和

沟槽的边缘效应，使得其设计和控制非常困难，而且 SRM 还经常引发噪声问题。

任务实施

1. 任务方案制订

本次实训任务主要是完成开关磁阻电机拆卸与安装。分组查阅相关资料，学习开关磁阻电机基本结构知识，制订就车拆装的任务方案。

开关磁阻
电机拆装

2. 实施准备工作

1）防护装备：工作服、绝缘鞋、棉手套。

2）开关磁阻电机、拆装工作台。

3）拆装常用工具、设备。

4）辅助材料：抹布、清洁剂。

3. 详细操作步骤

步骤与图示	方法与结果
①从丰田 P410 混合动力传动桥总成上拆下 3 个换档控制器总成螺栓和换档执行器总成 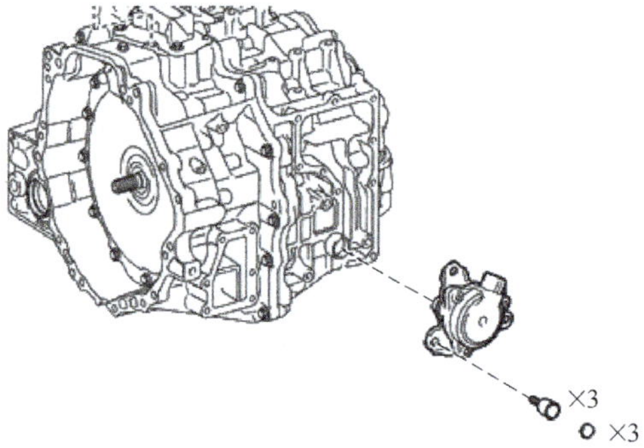 ×3 ×3	是否完成 □ 完成 □ 未完成 原因：
②拆卸电机固定螺栓 	是否完成 □ 完成 □ 未完成 原因：
③拆卸电机及减速机构 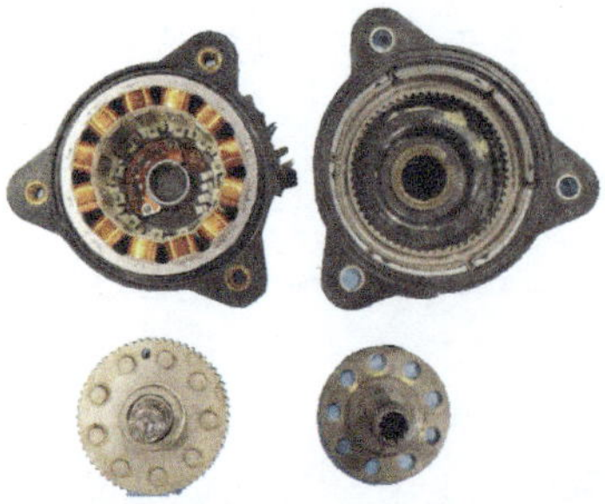	是否完成 □ 完成 □ 未完成 原因：

（续）

步骤与图示	方法与结果
④观察电机内部结构并标注电机部件名称 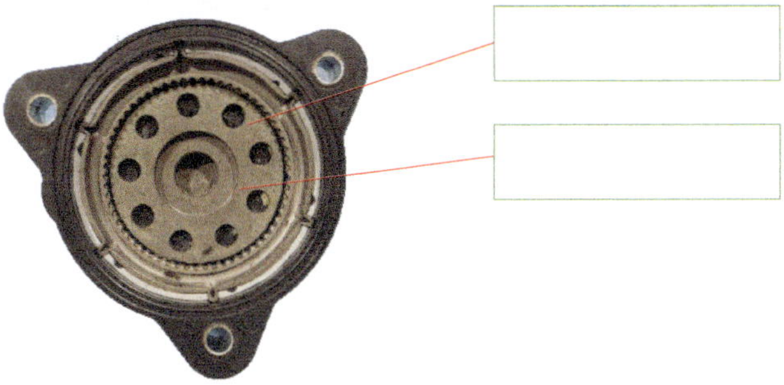 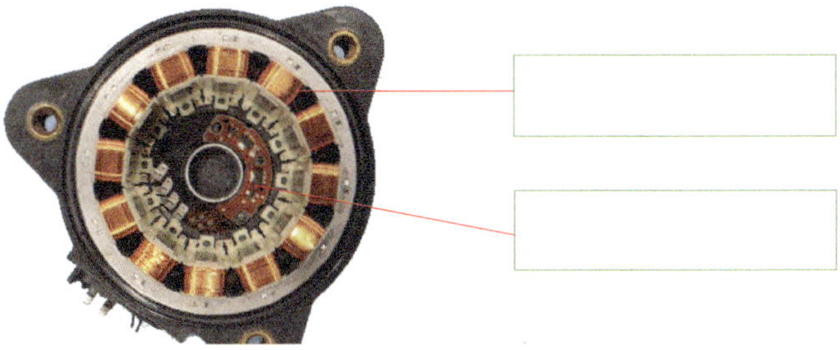 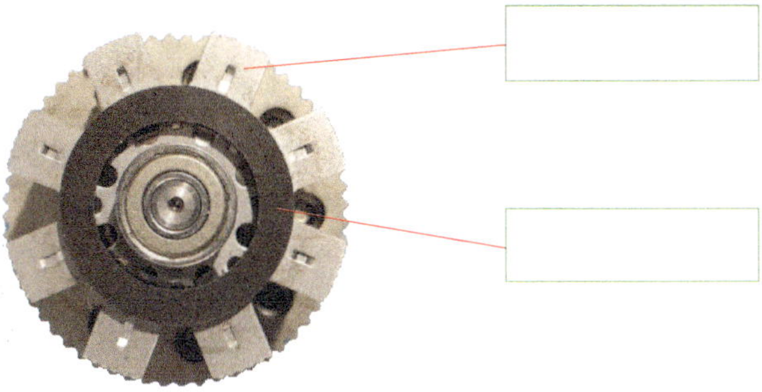	是否完成 □ 完成 □ 未完成 原因：
⑤测量电机绕组阻值 绕组 1 阻值： 绕组 2 阻值：	是否完成 □ 完成 □ 未完成 原因：
⑥按照与拆卸步骤相反的顺序安装电机，注意清洁部件并涂抹润滑油	是否完成 □ 完成 □ 未完成 原因：

驱动电机的检修

📲 情境描述

　　我国新能源汽车发展的技术路线是"三纵三横",作为"三横"之一的驱动电机,也称为驱动电动机,是新能源汽车的动力源。驱动电机将其自身的电能转化为动能,给整车提供驱动力,属于新能源汽车驱动系统的核心部件之一。驱动电机及其电控系统被认为是传统燃油汽车发动机与变速器两者功能的代替品,其性能直接影响瞬时加速度、最高车速、上坡速度等新能源汽车的主要性能指标。因此,针对驱动电机的高标准技术要求,在对新能源汽车驱动电机的基本结构与原理认知之外,还需重点掌握驱动电机的检修技能,包括就车拆卸驱动电机总成、驱动电机的拆检及其相关性能的检测。接下来就让我们一起来系统地学习如何检修新能源汽车驱动电机吧!

📲 情境目标

1. 能认知常见新能源汽车驱动电机的结构与类型,并能就车拆卸驱动电机总成。
2. 能独立拆装新能源汽车驱动电机,并能对相关零部件进行检修。
3. 能完成新能源汽车驱动电机的性能检测。

任务 1　驱动电机的就车拆装

任务目标

1. 了解常见新能源汽车驱动电机的类型及基本参数。
2. 了解新能源汽车驱动电机主流厂商及配套车企。
3. 掌握驱动电机总成就车拆装的工作流程与注意事项。

任务导入

　　驱动电机是纯电动汽车唯一的动力源,王先生最近购买的帝豪 EV450 汽车,经初步检查后判断驱动电机可能存在故障，4S店机修主管让你进行就车拆卸驱动电机总成，你将如何完成该任务呢？

知识链接

一、常见新能源汽车驱动电机的类型及基本参数

目前，市面上的新能源汽车驱动电机主要采用交流感应电机以及永磁同步电机，如日韩车系大多使用的是永磁电机，转速区间和效率都相对较高，但存在需要珍稀的永磁材料钕铁硼的问题。而交流感应电机多应用在欧美车系上，其转速区间小，效率低，但可以降低电机制作成本，并且需要匹配性能更高的调速器。我国稀土资源相对丰富，因此多采用的是永磁同步电机，效率高、结构简单、体积小、重量轻。

1. 比亚迪 e5 驱动电机

比亚迪 e5 纯电动汽车使用的是三相交流永磁同步电机，如图 3-1 所示，向外输出转矩，驱动汽车前进或后退；同时，在滑行、制动过程中又可以通过电机将其动能转化为电能，即可以作为发电机发电，具有密度高、效率高、可靠性高、耐久性高且体积小等优点。其最大功率为 160kW，最高转速为

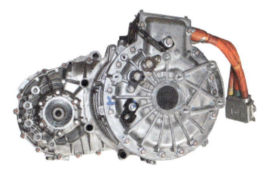

图 3-1　比亚迪 e5 驱动电机

12000r/min，最大转矩为 310N·m，工作电压为 650V，重量为 65kg，基本参数如图 3-2 所示。

图 3-2　比亚迪 e5 驱动电机铭牌

当车辆要行驶时，驱动电机通过旋转变压器检测到电机的位置，该位置信号经过电机控制器处理后发送相关信号给绝缘栅双极型晶体管（Insulated Gate Bipolar Transistor，IGBT），随之逻辑信号控制 IGBT 的通过，以此产生近似正弦波的交流电。

2. 北汽 EV160 驱动电机

如图 3-3 所示是北汽 EV160 的驱动电机，图 3-4 所示是北汽 EV160 驱动电机的铭牌。北汽 EV160 同样也是采用三相交流永磁同步电机，电机的正转实现车辆的加速、减速；电机的反转实现倒车，电机控制器将动力电池的直流电转化为三相交流电，通过有效的控制策略，最终协调动力总成以最佳方式工作。

图 3-3　北汽 EV160 驱动电机

永磁同步电机			
型号:	TZ30S01	极对数:	4
额定功率:	30　kW	绝缘等级:	F　级
额定转速:	2812　r/min	冷却方式:	水冷
最高转速:	9000　r/min	重量:	45　kg
出厂编号:	AD33D B0701 0001		
北京新能源汽车股份有限公司 Beijing Electric Vehicle Co.,Ltd.			

图 3-4　北汽 EV160 驱动电机铭牌

3. 吉利帝豪 EV450 驱动电机

吉利帝豪 EV450 驱动电机也是三相交流永磁同步电机,如图 3-5 所示,当三相交流电被接入到定子绕组中,即产生了旋转的磁场,这个旋转的磁场牵引转子内部的永磁体,产生和旋转磁场同步的转矩。使用旋转变压器检测转子的位置和电流传感器检测绕组的电流,从而控制驱动电机的转矩输出。其最大功率达到了120kW,最大转矩提升至 250N·m,可以在 9.3s 内完成 0～100km/h 的加速,0～50km/h 的加速只需 4.1s,驱动电机基本参数见表 3-1。

图 3-5　吉利帝豪 EV450 驱动电机

表 3-1　吉利帝豪 EV450 驱动电机基本参数

项目	参数	单位
额定功率	42	kW
峰值功率	120	kW
额定转矩	105	N·m
峰值转矩	250	N·m
额定转速	4200	r/min
峰值转速	12000	r/min

4. 特斯拉驱动电机

特斯拉公司的 Model S 与 Model X 使用的电机均是自主设计的三相四极感应电机,而非传统新能源汽车所用的稀土永磁电机。如图 3-6 所示,它的重量只有 70 磅（1 磅 = 0.45359237 千克）,电机体积非常小,结构上拥有最佳的缠绕线性,能极大减少阻力与能量损耗。特斯拉感应电机可以通过高性能信号处理器将制动、加速、减速等转换成数字信号,动力电池的直流电通过控制转动变频器与交流电相互转换,以此带动感应电机提供驱动力。根据特斯拉的声明和独立测试,特斯拉汽车可在约

图 3-6　特斯拉驱动电机

4s 内加速到 100km/h，最高速度约 200km/h。特斯拉汽车甚至可以在非常低的转速产生较大的转矩，并使电机维持在 13000r/min，这是大多数电机无法做到的。

二、新能源汽车驱动电机系统的主流厂商

目前，新能源汽车驱动电机系统的主流厂商主要有两类，见表 3-2。

表 3-2 新能源汽车驱动电机系统的主流厂商

类型	国外	国内
传统汽车制造企业	宝马、丰田、大众、本田、日产等	比亚迪、北汽新能源、江铃新能源等
传统零部件企业	采埃孚、大陆、博世、日立、现代摩比斯、松下、三菱电机等	联合汽车电子、华域汽车电动、杰诺瑞汽车等
专业驱动电机系统制造企业	富田电机、日本电产等	大洋电机、英威腾、大地和、上海电驱动、上海大郡、精进电动、南洋电机等

第一类是具备驱动电机系统供应链的电动汽车整车企业，由其自有生产能力或关联供应链企业向其供应全部或部分驱动电机系统产品，部分整车厂的驱动电机系统产品也少量外销。这类企业一般为传统汽车制造企业，经过多年积累，具备完整的零部件生产能力。例如宝马、丰田、大众、日产等，其电机系统均为体系内直接供货；国内的主机厂中，比亚迪、北汽新能源、江铃新能源、长安新能源、中通客车、厦门金龙等企业均具备自主供应驱动电机系统产品的能力。

第二类是专业从事汽车零部件供应或专业从事驱动电机系统产品供应的企业，其中包括专业汽车零部件供应商，如采埃孚（ZF）、大陆（Continental）、博世（Bosch）、日立（Hitachi）、现代摩比斯（Mobis）等国际汽车零部件巨头，以及新兴的专业驱动电机系统制造企业，如上海电驱动、上海大郡、精进电动、台湾富田电机（Fukuta）等。

此外，部分传统工业电机、变频器生产企业也依靠在研发、生产上的技术积累，积极转型加入新能源汽车驱动电机系统相关产品的供应，如汇川技术、英威腾、卧龙电气、方正电机、江特电机等。

国内自主车企大多采用国内电机企业，合资、外资车企多选择国外电机配套企业，见表 3-3。

表 3-3 新能源汽车驱动电机系统主流厂商与配套车企

电机厂商	配套车企	电机厂商	配套车企
日产	日产	大洋电机	东风汽车、华晨汽车、奇瑞汽车、上汽集团、一汽汽车、北汽福田
本田	本田	中车时代	安凯汽车、大中汽车、湖南巴士、依维柯、宇通客车、中通客车
丰田	丰田	浙江尤奈特	海马汽车、力帆汽车、众泰汽车
现代摩比斯	现代、起亚	深圳大地和	广汽、东风汽车、天津清源
EM-motive	戴姆勒	比亚迪	比亚迪
采埃孚	宝马、奔驰、大众、奥迪、路虎	北汽新能源	北汽
大陆	通用、戴姆勒、雷诺	精进电动	吉利
博世	大众、PSA	日产	东风日产
麦格纳	福特、沃尔沃	山东德洋电子	吉利、江南汽车

（续）

电机厂商	配套车企	电机厂商	配套车企
日立	雪佛兰	上海大郡	上海申沃、上汽集团、厦门金龙、宇通、中通
东芝	福特、日野、大众	精进电动	北汽、北汽福田、戴姆勒
富田电机	特斯拉	南洋电机	安凯客车、苏州金龙、江淮汽车
日本电产	奔驰	巨一自动化	江淮
AC Propulsion	宝马、广汽	江苏微特利	吉利汽车、华晨汽车、海马汽车、众泰汽车
安川电机	马自达		

任务实施

1. 任务方案制订

本次实训任务主要是完成对吉利帝豪 EV450 纯电动汽车驱动电机总成的就车拆卸与安装。分组查阅相关资料，学习吉利帝豪 EV450 驱动电机总成的基本结构知识，制订就车拆装的任务方案。

2. 实施准备工作

1）防护装备：工作服、绝缘鞋、护目镜、绝缘帽、绝缘手套。

2）吉利帝豪 EV450 或其他纯电动汽车一辆、升降台架。

3）拆装专用工具、设备、维修工具（新能源汽车维修组合工具）。

4）辅助材料：高压电警示牌、绝缘地垫、干粉灭火器、清洁剂。

3. 详细操作步骤

（1）吉利帝豪 EV450 驱动电机总成就车拆卸

① 拔出点火钥匙，打开前舱盖，取下散热器盖。

② 选用 10mm 扳手拆卸蓄电池负极端子螺栓，取下负极线，并用电工胶布对负极端子做好包裹防护。

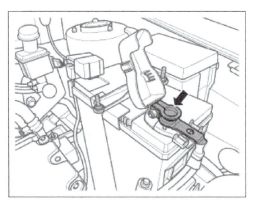

注意事项：拆卸蓄电池负极前，必须确保点火开关处于关闭状态，并等待 15min 后再进行下一步操作。

③ 向上推动直流母线插头卡扣保险，断开车载充电机处直流母线端子，并用电工胶布对母线端子做好包裹防护。

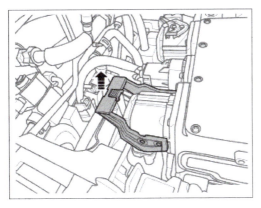
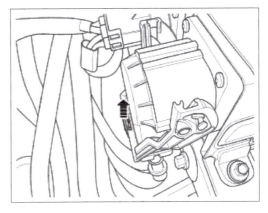

注意事项：拆卸高压零部件前必须做好防护措施；拆卸高压零部件时，必须使用绝缘工具；拆卸直流母线端子后，需戴绝缘手套用万用表测量正负极电压，电压值应低于 1V。

④ 断开冷却液暖风循环冷却液泵出水管，用回收容器回收排放出的冷却液，直至排空。

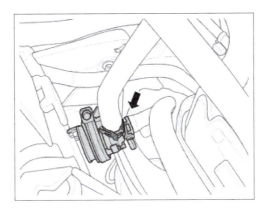

注意事项：排空冷却液前，必须确保冷却液已经降至 60℃ 以下；排放出的冷却液需集中回收处理，等待报废或再生利用。

⑤ 拆卸左、右前轮轮胎。

⑥ 拆除机舱底部左、右护板的固定螺钉及塑料卡扣，卸下护板。

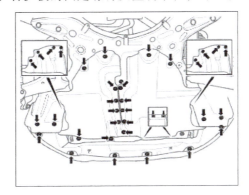

⑦ 拆卸车载充电机。

a. 断开车载充电机与加热器高压线束插接器 1。

b. 断开车载充电机与驱动电机控制器高压线束插接器 2。

c. 断开车载充电机线束与交流充电插座总成插接器 3。

d. 断开车载充电机与驱动电机总成连接水管 4。

e. 断开车载充电机与驱动电机控制器连接水管 5。

f. 断开车载充电机与低压插接器 6。

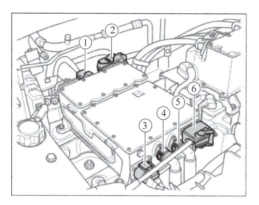

g. 拆卸分线盒电机控制器高压线束插接器 4 个固定螺栓。

h. 拆卸车载充电机搭铁线。

i. 取出车载充电机。

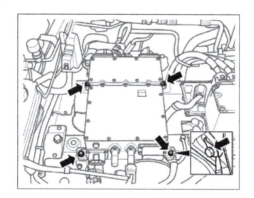

⑧ 拆卸电机控制器。

a. 拆卸电机控制器上盖 8 个螺栓，取下电机控制器上盖。

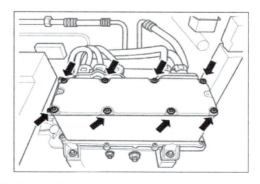

b. 拆卸驱动电机三相线束插接器（电机控制器侧）3 个固定螺栓 1。

c. 拆卸驱动电机三相线束端子（电机控制器侧）3 个固定螺栓 2，断开三相线束，并用电工胶布包裹防护。

d. 拆卸驱动电机控制器高压线线束插接器（电机控制器侧）2 个固定螺栓 3。

e. 拆卸驱动电机控制器高压线线束端子（电机控制器侧）2 个固定螺栓 4，断开线束，并用电工胶布包裹防护。

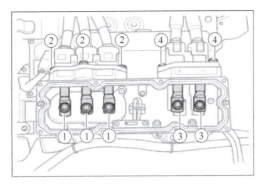

f. 取下电机控制器搭铁防尘盖。

g. 断开电机控制器线束插头。

h. 拆卸电机控制器两根搭铁线束固定螺母，断开搭铁线束。

i. 断开电机控制进、出水管。

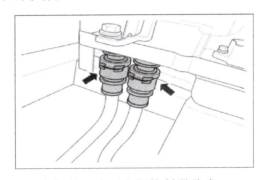

j. 拆卸电机控制器 4 个固定螺栓，取下电机控制器总成。

⑨ 拆卸制冷空调管。

⑩ 排空减速器油，拆卸驱动轴。

⑪ 拆卸电动压缩机总成。

a. 断开电动压缩机低压线束插接器 1。

b. 断开电动压缩机高压线束插接器 2。

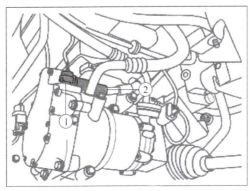

c. 拆卸制冷空调管（压缩机侧）固定螺栓，断开空调管。

d. 拆卸电动压缩机侧 3 个固定螺栓，取下电动压缩机。

⑫ 拆卸电动真空泵。

a. 断开电动真空泵线束插接器 1。

b. 断开真空管 2。

c. 拆卸电动真空泵 2 个固定螺栓 3，取下电动真空泵。

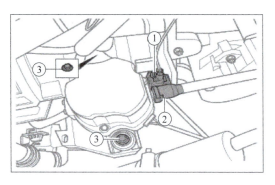

⑬ 拆卸电动冷却液泵（电机）。

a. 断开电动冷却液泵线束插接器。

b. 拆卸环箍，断开散热器出水管（电动冷却液泵侧）与电机控制器总成进水管（电动冷却液泵侧）。

c. 拆卸电动冷却液泵螺栓，取下电动冷却液泵。

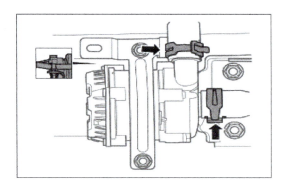

⑭ 拆卸驱动电机。

a. 断开 TCU 控制器插头 1、减速器电机插头 2，拆卸线束卡扣 3。

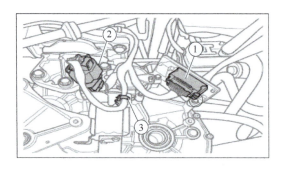

b. 断开驱动电机线束插头 1，拆卸线束卡扣 2。

c. 拆卸搭铁线束。

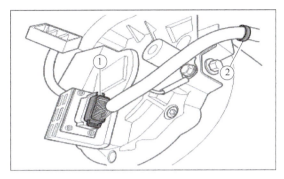

d. 拆卸电机进、出水管环箍，断开电机冷却液管。

e. 拆卸后悬置总成。

f. 放置举升平台车。

g. 拆卸动力总成 2 个固定螺母。

h. 缓慢下降举升平台车。

i. 拆卸驱动电机及减速器总成之间的连接螺栓，将驱动电机与减速器分离。

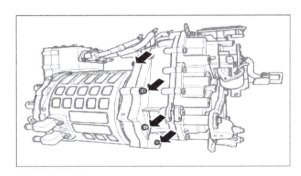

（2）吉利帝豪 EV450 驱动电机总成就车安装

① 安装驱动电机。

a. 将驱动电机和减速器组装在一起，紧固驱动电机及减速器连接螺栓（力矩为 23N·m）。

b. 将动力总成放置在举升平台工具上，并缓慢下降。

c. 紧固动力总成 2 个固定螺母（力矩为 80N·m）。

d. 连接驱动电机进、出水管。

注意事项：环箍装配位置应与管路标示线对齐。

e. 安装线束搭铁线，力矩为 9N·m。

f. 连接驱动电机线束插接器，安装线束卡扣。

注意事项：插接时注意"一插，二响，三确认"。

g. 连接 TCU 控制器线束插接器、减速器电机插头，拆卸线束卡扣。

注意事项：插接时注意"一插，二响，三确认"。

② 安装后悬置总成。

③ 安装电动冷却液泵。

④ 安装电动真空泵。

⑤ 安装电动压缩机总成。

⑥ 安装驱动轴。

⑦ 安装制冷空调管。

⑧ 安装电机控制器。

⑨ 安装车载充电机。

⑩ 加注减速器油。

⑪ 安装机舱底部护板。

⑫ 安装左、右前轮轮胎。

⑬ 连接车载充电机处直流母线。

⑭ 加注冷却液。

⑮ 连接蓄电池负极电缆。

⑯ 加注空调制冷剂。

⑰ 关闭前机舱盖。

任务2 驱动电机的检修

任务目标

1. 掌握驱动电机的外观结构、铭牌参数以及命名规则。

2. 掌握驱动电机的定子绕组连接形式以及 U、V、W 三相高压线束。

3. 掌握交流永磁同步电机的三相定子绕组的故障检测。

任务导入

大多数的纯电动汽车和混合动力汽车使用的都是三相交流永磁同步电机，并且作用也都相同，既可作为电动机驱动整车，也作为发电机使用。所以针对新能源汽车驱动电机尤其是三相交流永磁同步电机，掌握其结构认知与检修的专业技能更为重要。

知识链接

一、驱动电机的外观结构及铭牌参数

1. 驱动电机的外观结构

吉利帝豪 EV450 使用的是三相交流同步电机，电机的安装位置如图 3-7 所示。从驱动电机的外观结构上看，如图 3-8 所示，电机与电机控制器的高压线束或是接线端都具有明显标志，并且必须符合 GB/T 1971—2021《旋转电机 线端标志与旋转方向》的规定。另外，电机控制器的动力输入端口包含正、负两极，有明显标识 "+" "-"，控制器与电机各相应的动力线或接线端口，应与电机相应的标志一致。

2. 驱动电机的铭牌参数以及命名规则

电机铭牌包括制造厂名、型号、编号、名称，以及主要参数如额定功率、额定电压、额

定转矩、相数、工作制、冷却方式、峰值功率、峰值转速、绝缘等级、防护等级等相关信息，例如图3-9所示为吉利帝豪EV450的驱动电机铭牌。

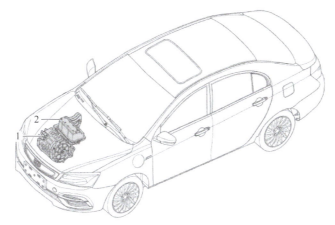

图 3-7 驱动电机安装位置

1—驱动电机 2—电机控制器

图 3-8 吉利帝豪 EV450 驱动电机

精进电动科技（北京）有限公司			
额定功率	42kW	额定电压	137V
额定转矩	105N.m	峰值功率	95kW
峰值转速	11000rpm	峰值转矩	240N.m
绝缘等级	H	冷却方式	水冷
相 数	3相	重 量	55kg
防护等级	IP67	工 作 制	S9
出厂编号	GTS001155		
永磁同步电机			

GEELY
TM5028
100802
06632079
160719
42.01

图 3-9 吉利帝豪 EV450 的驱动电机铭牌

在技术文件中，我们可以通过电机型号来准确识别该车使用哪种类型的电机。如图3-10所示，电机型号的命名主要由尺寸规格代号、电机类型代号、信号反馈元件代号、冷却方式代号、预留代号五部分组成。

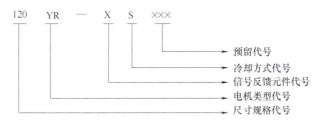

图 3-10 电机型号命名规则

（1）尺寸规格代号 一般指的是电机的定子铁心外径，单位为 mm（毫米）。

（2）电机类型代号

1）KC——开关磁阻电机。

2）TF——方波控制型永磁同步电机。

3）TZ——正弦控制型永磁同步电机。

4）YR——绕线转子异步电机。

5）Y——笼型异步电机。

6）Z——直流电机。

（3）信号反馈元件代号

1）M——光电编码器。

2）X——旋转变压器。

3）H——霍尔元件。

4）W——无传感器。

（4）冷却方式代号

1）S——水冷方式。

2）Y——油冷方式。

3）F——强迫风冷方式。

4）自然冷却，可不必标注。

（5）预留代号 由英文大写字母或阿拉伯数字组成，由生产企业定义。

另外，电机上标有用于明确识别与匹配的拓印号，电机拓印号与发动机拓印号有些类似，需有此拓印号才可获得主管部门的批准。一般电机型号下方是电机编号，利用该序列号和电机型号组成的拓印号可准确识别每个电机。

3. 电机 IP 防护等级与绝缘等级

电机铭牌上表示防护等级的代号由字母"IP"（国标防护）及附加在字母后面的两个数字组成，例如 IP67。

第一标记数字表示第一种防护，即防止人体触及或接近电机外壳、内部带电部分或内部转动零部件，以及防止固体异物进入电机。

第二标记数字表示第二种防护，即防止由于进水而损坏电机。

防护具体内容见表 3-4，这两位组合的数字越大，代表电机的防护能力越强。

表 3-4 电机 IP 防护等级

防护等级 （第一位数字）	含义（防止固体物体 进入内部的等级）	防护等级 （第二位数字）	含义（防止水 进入内部的等级）
0	无防护	0	无防护
1	防护大于 50mm 的固体进入内部	1	防滴
2	防护大于 12mm 的固体进入内部	2	15°防滴
3	防护大于 2.5mm 的固体进入内部	3	防淋水
4	防护大于 1mm 的固体进入内部	4	防溅
5	防尘进入内部	5	防喷水
6	防尘进入内部	6	防海浪或强力喷水
		7	浸水
		8	潜水

电机的绝缘等级指的是电机所采用的绝缘材料的耐热程度，可分为 A、E、B、F、H 五个等级。见表 3-5，电机的绝缘等级与其使用的绝缘材料密切相关，绝缘材料越好，绝缘等级越高。

表 3-5　电机绝缘等级

绝缘等级	A	E	B	F	H
最高允许温度/℃	105	120	130	155	180

二、驱动电机三相定子绕组的接线方式

电机的转动部分称为转子，在转子的励磁绕组中通以直流电，产生恒定的磁场。

电机的固定部分称为定子，定子铁心的内圆放置电枢绕组。三个尺寸和匝数相同的绕组分别用 U1U2、V1V2、W1W2 表示，称为三相绕组 U 相、V 相、W 相，U1、V1、W1 称为绕组的首端，U2、V2、W2 称为绕组的末端。三个绕组安装在定子铁心槽内，三相绕组在空间位置上相差 120°。各相绕组的匝数和形状都相同，如图 3-11 所示。

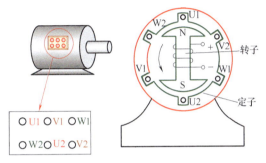

图 3-11　电机三相定子绕组及接线盒示意图

1. 三相定子绕组的星形联结

将三相定子绕组末端 U2、V2、W2 连在一起，首端 U1、V1、W1 分别与负载相连，这种方式就叫作星形联结，如图 3-12 所示。

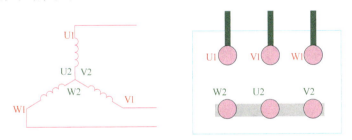

图 3-12　三相定子绕组的星形联结

2. 三相定子绕组的三角形联结

如图 3-13 所示，将电源一相绕组的末端与另一相绕组的首端依次相连（接成一个三角形），再从首端 U1、V1、W1 分别引出相线，这种连接方式就叫作三角形联结。

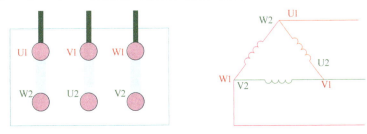

图 3-13　三相定子绕组的三角形联结

三、驱动电机 U、V、W 三相高压线束

纯电动汽车拥有一套高压供电系统，如图 3-14 所示，该系统主要由动力电池提供高压电给电机控制器、驱动电机、电动压缩机以及 PTC 加热器等部件。此外，还有直流快充充电系统以及交流慢充充电系统，这里输送高压电能所连接的就是高压线束，高压线束可以根据不同的电压等级配置与电动汽车内部及外部线束连接，是纯电动汽车高压系统的神经网络，包括车载充电机分线盒、直流充电接口、交流充电接口、直流母线以及驱动电机三相线。

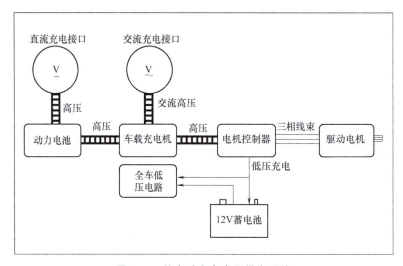

图 3-14   纯电动汽车高压供电系统

电机三相线，即 U、V、W 相线，如图 3-15 所示，动力电池将其高压直流电，通过直流母线、车载充电机分线盒、电机控制器转换后输出三相交流电，经过电机三相线到达驱动电机的定子绕组，形成能量传递路线将电能转化为机械能，产生驱动力。在新能源汽车上所有的高压线束均标记为橙色，起到高压警示作用。对于电机的 U、V、W 三相线，首先应看相色标记，一般 U、V、W 三相分别是黄、绿、红三种颜色。当需取下或是更换电机三相线束时，需先打开电极接线盒盖。另外车辆在着火上电时不要人为触碰橙色高压线束及其插接器，下电后拔出高压线束，需立即用绝缘胶布进行包裹防护。

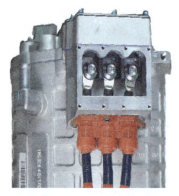

图 3-15   驱动电机三相高压线束及接线座

任务实施

1. 任务方案制订

本次实训任务主要是完成驱动电机三相线束是否存在相互短路故障和绝缘性能的检测，包括测量三相定子绕组的电阻值以及测量定子绕组三相线束对其部件接地之间的绝缘电阻值。分组查阅相关资料，学习电机三相定子绕组的基本知识，分析电机三相线束可能存在的故障，制订电机三相定子绕组故障检测任务方案。

2. 实施准备工作

1）安全防护准备：工作服、绝缘鞋、护目镜、绝缘帽、绝缘手套。

2）吉利帝豪 EV450 整车或永磁同步电机拆装翻转台架或解剖演示台架。

3）新能源汽车拆装专用工具、万用表、兆欧表。

3. 详细操作步骤

以吉利帝豪 EV450 三相交流永磁同步电机为例，介绍驱动电机定子绕组的检测方法。

① 操作起动开关，使整车电源模式至 OFF 状态。

② 拆下手动维修开关，等待 5min。

注意事项：正常情况下，在钥匙开关关闭后，高压系统还会存在高压电，这是电机控制器中的高压电容造成的，所以需要等待一段时间，高压电容中的电能才能完全释放出来。

③ 选用 10mm 扳手拆卸蓄电池负极端子螺栓，取下负极线，并用电工胶布对负极端子做好包裹防护。等待 5min 后再进行下一步操作。

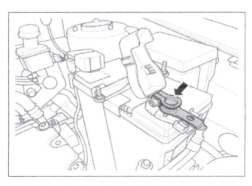

④ 向上推动直流母线插头卡扣保险，断开车载充电机处直流母线端子，并用电工胶布对母线端子做好包裹防护。

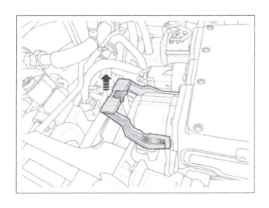
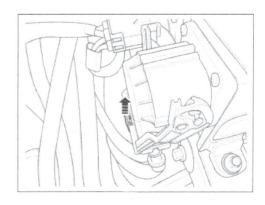

注意事项：拆卸高压零部件前必须做好防护措施；拆卸高压零部件时，必须使用绝缘工具；拆卸直流母线端子后，需戴绝缘手套用万用表测量正负极电压，电压值应低于 1V。

⑤ 使用新能源汽车专用工具拆卸电机控制器上盖 8 个螺栓，取下电机控制器上盖。

⑥ 拆卸驱动电机三相线束插接器（电机控制器侧）3 个固定螺栓 1。

⑦ 拆卸驱动电机三相线束端子（电机控制器侧）3 个固定螺栓 2，抽出 U、V、W 三相线束。

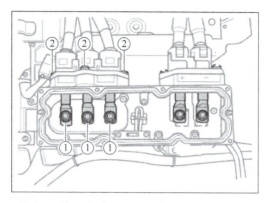

⑧ 测量电机三相绕组的电阻值，判断三相线束是否有相互短路故障。将万用表旋至电阻档，校正万用表，测量 U、V、W 三相线束端子间的电阻。填写测量值于下表中：

测量位置	测量值	测量标准值	结论
U-V		标准电阻：20kΩ 或更高	测量出的电阻值应相等或稍有偏差，正常应相差不大于 10%，若三相电阻差别较大，则说明电机可能有匝间短路故障，需修理或更换线束
U-W			
V-W			

⑨ 测量三相绕组的电阻值，判断电机三相绕组是否有断路故障。测量电机接线盒 U、V、W 三相绕组端子间的电阻。填写测量值于下表中：

测量位置	测量值	测量标准值	结论
U-V		标准电阻：小于 1Ω	测量出的电阻值应相等或稍有偏差，正常应相差不大于 10%，若三相绕组端子电阻值超过 1Ω 或更大，则说明电机可能有匝间断路故障
U-W			
V-W			

⑩ 测量三相绕组对其部件接地之间的绝缘电阻值，判断电机绝缘性能。测量电机接线盒 U、V、W 三相绕组端子对其部件接地之间的绝缘电阻值。填写测量值于下表中：

测量位置	测量值	测量标准值	结论
U-壳体		标准电阻：大于 20MΩ	测量出的电阻值应不显示或为无限大，否则说明电机绝缘性差
V-壳体			
W-壳体			

⑪ 测量三相线束对其部件接地之间的绝缘电阻值，判断三相线束绝缘性能。校正万用表，将黑表笔与驱动电机壳体相连接。将红表笔与车身搭铁，观察万用表数值变化情况，测量壳体是否具有良好的连通性。

⑫ 将红表笔分别与 U、V、W 三相高压线束相连接，测量每一相线束与壳体之间的电阻值。填写测量值于下表中：

测量位置	测量值	测量标准值	结论
U-壳体			
V-壳体		标准电阻：20kΩ 或更高	测量出的电阻值应不显示或为无限大,否则说明对地短路,需修理或更换线束
W-壳体			

任务3 驱动电机性能检测

任务目标

1. 掌握驱动电机的性能评价参数和检测方法。
2. 掌握驱动电机旋变传感器与温度传感器的结构组成及工作原理。
3. 掌握驱动电机旋变传感器与温度传感器的性能检测。

任务导入

王先生发现他的帝豪 EV450 动力不足，怀疑是驱动电机存在故障。由于电机检测设备昂贵，并且制造厂商不建议对电机进行拆解，所以在实际维修操作过程中，维修人员一般先通过对电机各组成零部件或端子的检测来诊断电机的故障点。如果你是维修人员，该如何操作呢？

知识链接

一、驱动电机的性能评价参数和检测方法

1. 驱动电机主要性能评价参数

驱动电机的性能评价参数主要是为了了解电机运行过程的工作表征及其性能，可分为两大类：电量参数和非电量参数。

（1）电量参数　包括电压、电流、功率、频率、相位、阻抗、谐波等。

（2）非电量参数　包括转速、转矩、温度、噪声、振动等。

2. 驱动电机电量参数的检测方法

驱动电机性能评价的电量参数主要有电压、电流、阻抗、频率等，而对这些参数的检测需要通过电子测量仪器，根据参数的不同，可以使用电压表、电流表、频率表和功率表等进行检测。随着电子科技测量技术的不断发展，我们可以采用功率分析仪（功率仪）来满足电机所有电量参数的测量，如图 3-16 所示。

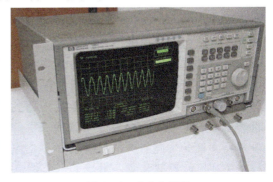

图 3-16　功率分析仪

功率分析仪有机融合了电流表、电压表、功率表与频率表的功能，不仅可以实时收集高精度的电压、电流、频率、相位等数据计算出功率，也可以保证数据采集的实效性。

二、旋变传感器的结构组成及工作原理

1. 旋变传感器的结构组成

在电机驱动中，通常需要位置、转速的反馈环节，该环节的关键性作用是直接影响动力驱动性能的优劣。广泛应用于工业驱动电机以及新能源汽车上的旋变传感器也叫旋转变压器，简称旋变，是一种输出电压随转子转角变化的信号元件，适应性强，可靠性好。其安装位置一般是固定在电机定子上，主要监测驱动电机转子的转速和转子磁极的位置，并能将其信号反馈给电机控制器的功率放大元件（变频器），使定子绕组中的电流方向进行切换，以达到控制电机静止起动和全转速范围内转矩的波动。

旋变传感器主要由传感器线圈和信号齿圈两大部分构成，传感器线圈由励磁、正弦、余弦三组线圈组成并固定在壳体上，信号齿圈固定在转子上，如图 3-17 所示。

五线霍尔转速传感器波形检测

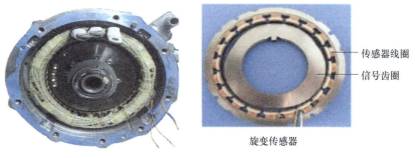

传感器线圈
信号齿圈

旋变传感器

图 3-17　旋变传感器结构

1）正弦绕组：感应励磁绕组的磁场并产生正弦信号。

2）余弦绕组：感应励磁绕组的磁场并产生余弦信号。

3）励磁绕组：产生固定频率的磁场。

4）励磁绕组的转子铁心：随电机转子旋转。

5）不同极对数的定子铁心，三种绕组都缠绕在其上。

2. 旋变传感器的工作原理

旋变传感器实质上是一个变压器，如图 3-18 所示，当一次绕组接上交流电源 u_1 时，由右手定则可以判断出经过铁心的交变磁通方向，交变磁通随着铁心传递到二次绕组，并由楞次定律我们知道线圈中的磁通量发生变化时，二次绕组就会产生感应电动势与感应电流。而旋变传感器包含的额

旋变传感器波形检测

定电压、额定功率与变压比等主要参数都与变压器相似，不同的是旋变传感器主要由定子和转子构成，其中定子绕组作为变压器的一次绕组，接受励磁电压。转子绕组固定在电机转轴上同步旋转，作为变压器的二次绕组，通过电磁感应原理得到感应电压，如图 3-19 所示。旋变传感器的两侧绕组并不是像变压器的固定安装，而是随着转子绕组的角位移发生相对位置的改变，相当于一个能够转动的变压器，因而输出电压的大小会随之发生变化，其输出绕组的电压幅值与转子转角之间呈现正弦、余弦的函数关系。

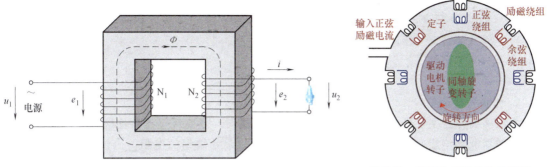

图 3-18　变压器工作原理　　　　　　　图 3-19　旋变传感器结构示意图

　　旋变传感器在实际应用中主要是由励磁绕组（也称激励绕组 R_1-R_2）和两相正交的返回绕组（S_1-S_2、S_3-S_4）组成，如图 3-20 所示。当给励磁绕组通以高频的激励信号后，相位差90°的两组返回绕组就会感应出幅值为正弦与余弦变化的两组电压信号。

　　输入电压的频率一般是 10kHz 左右的高频信号，输出电压信号的幅值虽然是随着位置变化而变化，但其频率依然保持不变，输出同样频率，再加上转子角度旋转，输出的幅值也会发生变化，最终旋变的输入/输出电压之间的波形如图 3-21 所示。对输出的电压信号进行模数转换，计算反切值与正切值即可得到转子当前的角位移，而对角位移进行时间微分即为当前转子的转速。

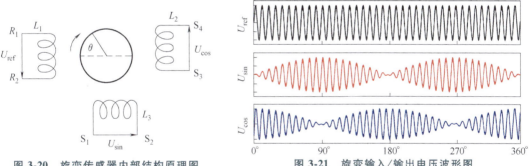

图 3-20　旋变传感器内部结构原理图　　　图 3-21　旋变输入/输出电压波形图

　　旋变传感器能精确测量出电机的转子位置、电机转速以及旋转正反方向，如果旋变信号失效或是丢失，车辆将无法起动。

三、温度传感器

　　电机温度过高会造成组件损坏，因此需要采用温度传感器对温度进行感应，并将感应的温度变化情况转换为电信号，以实现对温度的监测。大多数电机使用的是负温度系数（NTC）传感器，监测电机定子绕组的温度。负温度系数传感器的电阻值会随着温度的升高而降低，随着温度的降低而升高，一般安装在电动汽车驱动电机定子绕组的内部。温度传感器如图 3-22 所示。

图 3-22　温度传感器

温度传感器不断监测电机定子绕组的温度，输出的电信号也为起动冷却风扇提供信号。当45℃≤温度<50℃时冷却风扇低速起动；温度≥50℃时，冷却风扇高速起动；温度降至40℃时冷却风扇停止工作。

任务实施

1. 任务方案制订

本次实训任务主要是完成对驱动电机的旋变传感器、温度传感器的性能检测，包括测量温度传感器电阻与旋变传感器励磁绕组、正弦绕组、余弦绕组的电阻。分组查阅相关资料，学习旋变传感器、温度传感器的基本知识，分析其工作原理，制订任务方案。

2. 实施准备工作

1）安全防护：做好车辆安全防护与隔离（车内外三件套、车轮挡块、警示隔离带等）。

2）工具设备：万用表、绝缘防护用品、绝缘工具套装、常规工具套装。

3）吉利帝豪EV450整车。

4）维修手册、教材。

3. 详细操作步骤

① 操作起动开关，使整车电源模式至OFF状态。

② 拆下手动维修开关，等待5min。

注意事项：正常情况下，在钥匙开关关闭后，高压系统还会存在高压电，这是电机控制器中的高压电容造成的，所以需要等待一段时间，高压电容中的电能才能完全释放出来。

③ 选用10mm扳手拆卸蓄电池负极端子螺栓，取下负极线，并用电工胶布对负极端子做好包裹防护。等待5min后再进行下一步操作。

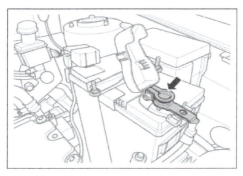

④ 断开BV13电机线束插接器，如下图所示。

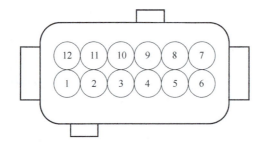

端子号	端子定义	颜色	端子状态
1	NTC 温度传感器 1+	L/R	—
2	NTC 温度传感器 1–	R	—
3	NTC 温度传感器 2+	Br/W	—
4	NTC 温度传感器 2–	W/G	—
5	屏蔽接地	B	—
6	屏蔽接地	B	—
7	COSL	P	旋变余弦
8	COS	L	旋变余弦
9	SINL	W	旋变正弦
10	SIN	Y	旋变正弦
11	REFL	O	旋变励磁
12	REF	G	旋变励磁

⑤ 将万用表旋至电阻档，校正万用表，测量 BV13 电机线束插接器端子间的电阻：

a. 测量励磁绕组 11#（励磁–）-12#（励磁+）两端子间的电阻值为_____ Ω。

b. 测量正弦绕组 9#（正弦–）-10#（正弦+）两端子间的电阻值为_____ Ω。

c. 测量余弦绕组 7#（余弦–）-8#（余弦+）两端子间的电阻值为_____ Ω。

d. 测量励磁绕组端子 11#-搭铁间的电阻值为_____ Ω。

e. 测量正弦绕组端子 9#-搭铁间的电阻值为_____ Ω。

f. 测量余弦绕组端子 7#-搭铁间的电阻值为_____ Ω。

g. 测量温度传感器 1 的 1#-2#两端子间的电阻值为_____ Ω。

h. 测量温度传感器 2 的 3#-4#两端子间的电阻值为_____ Ω。

项目四

电 的 转 换

情境描述

电动汽车的动力驱动系统与传统燃油汽车有很大的区别，电驱动系统的核心部件是驱动电机和动力电池，两者在电动汽车整车性能提升方面起到了至关重要的作用。如何优化动力电池能源分配管理和提升驱动电机的性能是关键点，因此电驱动系统的发展离不开功率电子技术。目前，功率电子学当中的整流技术、逆变技术、DC/DC 变换技术已在电动汽车上获得了很好的应用。解决了驱动电机变扭调速控制、能量反馈控制以及动力电池充电技术等问题。随着国家新能源汽车产业"三横三纵"战略的深入发展，电动汽车技术进一步完善，成为机械技术与功率电子技术、电气自动化控制技术、信息化技术紧密结合的有机整体。

情境目标

1. 能叙述电动汽车上应用的功率变换电路的类型及作用。
2. 能叙述电动汽车功率变换电路的结构组成和工作原理。
3. 能完成制作简易的功率变换电路实验板。

任务1　认知 AC/AC 变换电路

任务目标

1. 掌握 AC/AC 变换电路的作用及在汽车上的应用。
2. 掌握 AC/AC 变换电路的结构组成及工作原理。
3. 掌握 AC/AC 变换电路的实验板制作。

任务导入

电动汽车的驱动电机是三相交流电机，其转速的控制是通过改变交流电的频率实现的，而转矩的控制则是通过改变交流电的大小实现的。那么交流变换电路是如何实现电压和频率的改变的呢？

知识链接

一、AC/AC 变换电路概述

交流电的三要素包括幅值、频率和相位。AC/AC 变换电路就是实现将一种交流波形转换为另一种交流波形，输出电压幅值和频率均可调节的电力电子装置。但实际上，AC/AC 变换电路对波形相位的变换是比较困难的。按照 AC/AC 变换电路对交流电波形的控制，主要可实现以下三种功能的基本电路。

1. 交流调压电路

只改变输出电压、电流幅值的电路，如图 4-1 所示。

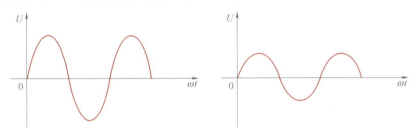

图 4-1 输出电压、电流幅值控制

2. 交流调功电路

对电路通断周期进行控制的电路，如图 4-2 所示。

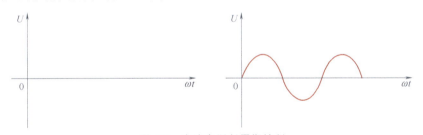

图 4-2 交流电通断周期控制

3. 交流调频电路

改变交流电输出频率的电路，如图 4-3 所示。这种 AC/AC 直接变频电路功能是受限的，其输出频率小于输入频率。新能源汽车上一般采用的是交-直-交间接式变频器。

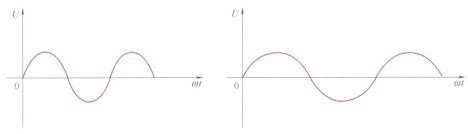

图 4-3 交流电频率控制

二、交流调压电路

交流调压电路按照调节交流电的相数不同，可分为单相交流调压电路和三相交流调压电路。按照控制的方式不同，又可分为整周波通断控制、相位控制和斩波控制三种，如图 4-4 所示。整周波控制方式的交流调压电路，是采用晶闸管作为开关器件，控制负载与电源周期性通断，通过改变导通和断开的比例来调节负载电压的有效值。相位控制的交流调压电路是通过改变电源交流波形的触发延迟角 α，改变晶闸管导通的时间，即通过改变负载通电时间的方式进行调压。斩波控制可采用 IGBT 等全控型功率开关器件，控制交流电压周期内多次通断，使电压波形形成多个脉冲，通过改变导通比来实现调压。三种控制方式中应用较多的是相位控制交流调压电路，相比一般的变压器，具有体积小、效率高、成本低的优点。

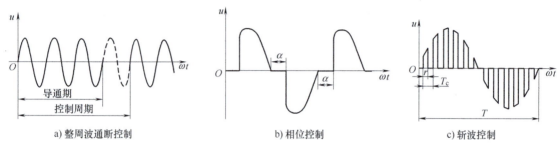

a) 整周波通断控制　　　　　　　　b) 相位控制　　　　　　　　c) 斩波控制

图 4-4　交流调压电路三种控制方式输出电压波形

1. 单相交流调压电路

阻性负载单相交流调压电路结构及其调压控制输出波形如图 4-5 所示。该电路主要元件由交流电源 u_s，两个反向并联晶闸管 V_1、V_2 和负载 R 组成。

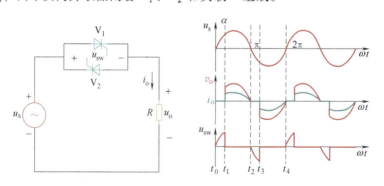

图 4-5　单相交流调压电路

该电路采用了半控型开关器件晶闸管，其工作特点为门极有正向触发电压时导通，主回路电流小于最低维持电流时关断。波形图中的 α 为晶闸管触发延迟角。根据晶闸管工作特性，电路基本工作过程分为以下四个阶段：

（1）在 $t_0 \sim t_1$ 区间　交流电源处于正半波，S_1 正向偏置，S_2 反向偏置。晶闸管没有触发信号，V_1、V_2 均不导通，输出电压 $u_o = 0$，开关电压 $u_{sw} = u_s$。

（2）在 $t_1 \sim t_2$ 区间　交流电源处于正半波，V_1 正向偏置，V_2 反向偏置。此时给 V_1 触发信号使其导通，V_2 保持关断，输出电压 $u_o = u_s$，开关电压 $u_{sw} = 0$。

（3）在 $t_2 \sim t_3$ 区间 交流电源处于负半波，V_1 反向偏置，V_2 正向偏置。t_2 时刻交流电源 u_s 过零，正向电流减小为 0，晶闸管 V_1、V_2 均关断，输出电压 $u_o = 0$，开关电压 $u_{sw} = u_s$。

（4）在 $t_3 \sim t_4$ 区间 交流电源处于负半波，V_1 反向偏置，V_2 正向偏置。此时给 V_2 触发信号使其导通，V_1 保持关断，输出电压 $u_o = u_s$，开关电压 $u_{sw} = 0$。

以上工作过程中，从输入波形 u_s 与输出电压 u_o 波形的对比可以看出，输出电压 u_o 随着正负半波过零点时触发延迟角 α 的增大而减小，从而得到调节后的电压值，由于正负半波过零点后的 α 值相等，故输出交流电平均值仍为 0。

2. 三相交流调压电路

三相交流调压电路结构与单相交流调压电路类似，电路接入三相交流电源，每相互隔 $2\pi/3$ 相位工作。如图 4-6 所示，根据三相电路连接形式不同，通常分为以下四种：星形联结、线路控制三角形联结、支路控制三角形联结、中点控制三角形联结。

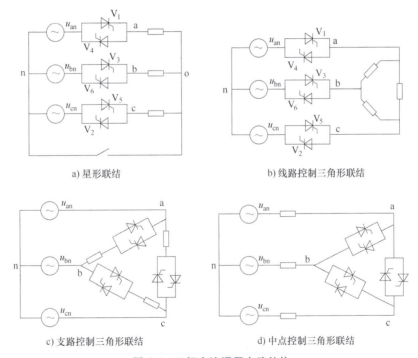

a) 星形联结 b) 线路控制三角形联结

c) 支路控制三角形联结 d) 中点控制三角形联结

图 4-6 三相交流调压电路结构

阻性负载星形联结三相交流调压电路结构如图 4-7a 所示。该电路主要元件由三相交流电源 u_{an}、u_{bn}、u_{cn}，六个反向并联晶闸管 V_1、V_2、V_3、V_4、V_5、V_6，负载 R 组成。

三相交流调压电路任一相导通时必须和另一相构成回路，把相电压过零定为触发延迟角 α 的起点。与三相桥式整流电路类似，电流流通路径有两个晶闸管。下面以晶闸管触发延迟角 $\alpha = 30°$ 时 A 相正半周电压 u_{an} 的波形控制为例，解析电路调压原理。如图 4-7b 所示，电路工作过程分为以下六个阶段：

（1）在 $t_0 \sim t_1$ 区间 t_0 时刻，A 相电压 u_{an} 过零点，晶闸管 V_1 无触发信号，V_1 处于关断状态，A 相输出电压 $u_{ao} = 0$。此时 C 相电压 u_{cn} 处于正半波，B 相电压 u_{bn} 处于负半波，晶闸管 V_5 和 V_6 处于两管导通状态。

（2）在 $t_1 \sim t_2$ 区间　t_1 时刻，A 相电压 u_{an} 过零点延迟 30°相位，晶闸管 V_1 触发导通。此时 V_5 和 V_6 仍然导通，电路处于三管导通状态。由于三相电路输出均衡，此时 A 相输出电压 $u_{ao} = u_{an}$，即 A 相负载电压等于 A 相相电压。

（3）在 $t_2 \sim t_3$ 区间　t_2 时刻，C 相电压 u_{cn} 过零点，晶闸管 V_5 处于关断状态，V_1 和 V_6 仍然导通，电路处于两管导通状态。由于三相只有 A、B 两相导通，则此时 A 相输出电压为 A、B 两相线电压的一半，即 $u_{ao} = u_{ab}/2$。

（4）在 $t_3 \sim t_4$ 区间　t_3 时刻，C 相电压 u_{cn} 过零点延迟 30°相位，晶闸管 V_2 触发导通。此时 V_1 和 V_6 仍然导通，电路处于三管导通状态。由于三相电路输出均衡，此时 A 相输出电压 $u_{ao} = u_{an}$。

（5）在 $t_4 \sim t_5$ 区间　t_4 时刻，B 相电压 u_{bn} 过零点，晶闸管 V_6 处于关断状态，V_1 和 V_2 仍然导通，电路处于两管导通状态。由于三相只有 A、B 两相导通，则此时 A 相输出电压为 A、C 两相线电压的一半，即 $u_{ao} = u_{ac}/2$。

（6）在 $t_5 \sim t_6$ 区间　t_5 时刻，B 相电压 u_{bn} 过零点延迟 30°相位，晶闸管 V_3 触发导通。此时 V_1 和 V_2 仍然导通，电路处于三管导通状态。由于三相电路输出均衡，此时 A 相输出电压 $u_{ao} = u_{an}$。

通过以上电路工作过程的分析，结合图 4-7c 可知，A 相负半周电压波形输出情况与 A 相正半周轴对称，B 相和 C 相输出波形与 A 相相似。

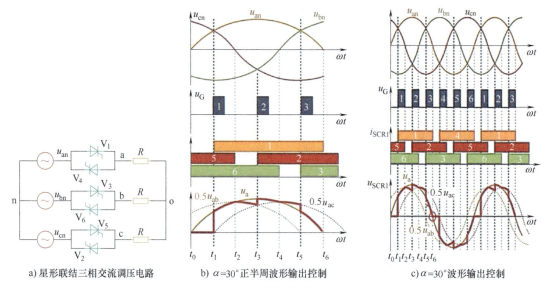

a) 星形联结三相交流调压电路　　b) $\alpha = 30°$ 正半周波形输出控制　　c) $\alpha = 30°$ 波形输出控制

图 4-7　阻性负载星形联结三相交流调压电路结构

相位控制的三相交流调压电路，通过改变触发延迟角 α 的值，可以减小电路交流输出电压值，实现交流调压的目的。图 4-8 为触发延迟角 α 等于 30°、60°、90° 和 120°时，电路 A 相输出电压 u_{ao} 的波形。从图中可知，随着 α 值的增大，输出电压 u_{ao} 越低。值得注意的是，当 $\alpha = 90°$时，电路开始出现断流的情况，当 $\alpha = 150°$时电路将不能工作。

三、交流调频电路

AC/AC 直接变频电路只能把一种交流电的频率往下调，而不能往上调，这是由 AC/AC

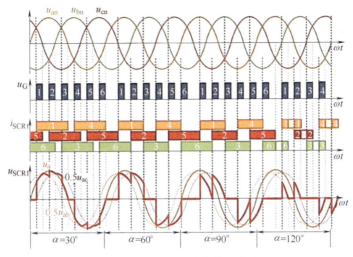

图 4-8　不同 α 值输出电压波形

调频电路的原理所决定的。这种直接变频电路并不能满足电动汽车驱动电机的性能要求，因此在电动汽车电机控制器中，普遍采用了交-直-交型的间接变频器，以满足驱动电机功率输出的控制。AC/AC 变频电路根据工作原理不同，分为采用传统相位控制的周波变换器和采用斩波控制的矩阵变换器。下面以周波变换器为例进行介绍。

1. 单相 AC/AC 变换电路

（1）电路结构及工作原理　如图 4-9 所示为相位控制的调频电路结构示意图。电路输入三相交流电源，由三相半波相控整流电路（共两组且反向）并联构成。一组半波整流器为正组 P，另一组半波整流器为反组 N，Load 为负载。其中，正组 P 与反组 N 内部结构一致，如图 4-10 所示。

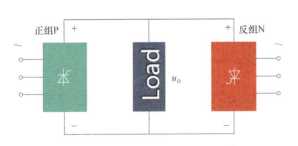

图 4-9　相位控制的调频电路结构示意图

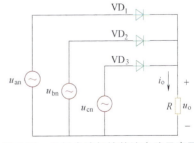

图 4-10　三相半波相控整流电路示意图

当正组 P 工作时，反组 N 被封锁，负载电流为正。当反组 N 工作时，正组 P 被封锁，负载电流为负。让两组半波整流器按一定的频率（低于三相电源频率）交替工作，即可在负载两端得到该频率的交变输出电压。由于正组 P 与反组 N 采用相控整流电路，根据触发延迟角 α 的不同，输出波形可以是方波或正弦波。

1）方波：若正、反组工作期间触发延迟角 α 不变，则输出电压波形为方波。频率的调节只需要保证三相电源同时改变相同的触发延迟角 α，就可以得到降低频率的脉冲方波。这种控制方式简单，但方波中谐波成分比较大，对电机的工作很不利。电路具有电流单相导通的特点，负载电流为正时，正组工作，负载电流为负时，反组工作。

2）正弦波：若正、反组工作期间触发延迟角 α 不是固定不变的，而是按照一定的规律变化的，例如按照正弦规律改变 α 角，则可在负载两端得到符合正弦变化规律的交变输出电压。正弦波的谐波成分小，电路同样符合电流单相导通的特点。

三相半波相控整流电路（正半周）输出波形如图 4-11 所示。通过改变三相交流电每相的触发延迟角 α 的值，就可以改变输出电压的幅值。在正组 P 工作的半个波形周期内，如果控制 α 的角度符合正弦变化的规律，从 α=90°（输出电压为 0）开始，逐渐减小为 α=0°（输出电压最大），再逐渐增大为 α=90°。负载上的输出电压经过简单的滤波后，就得到了一个正弦交流电压的正半周波形。从图 4-11 可以得知，输出电压并不平滑，是由每个周期内 A、B、C 三相交流电的拼接组合而成的正弦波形，在正组工作期间其输出平均值为交流正弦电压。一个正半周的正弦波形需要由若干个周期内的三相交流电波形构成。因此，其输出频率的调节只能下调而不能升高。反组 N 的工作情况与正组 P 相似，当反组 N 工作时，产生负半波的电压输出波形。以上分析可知，采用相控方式的 AC/AC 变频电路不仅可以调频，还可以调压。

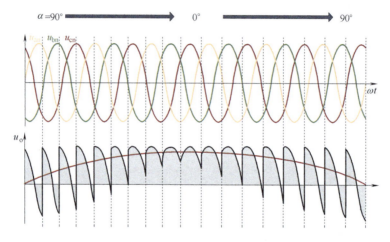

图 4-11　三相半波相控整流电路（正半周）输出波形

值得注意的是，正组 P 和反组 N 的整流电路在工作时不能简单地进行切换，这是由于晶闸管触发脉冲消失后不能立即关断主通路，必须等到主通路电流为 0 时才可关断。如果在一组尚未完全关断的情况下立即接通另一组，电路处于两组导通状态，短路产生的大电流会导致晶闸管损毁。所以在任何时刻必须只能有一组整流器工作，另一组处于封锁状态。为了防止负载电流反向时两组整流器同时导通而导致电路产生环流，必须在工作的一组整流器封锁后、另一组导通前留出一定的时间间隔区间，称为无环流死区。

（2）电路工作过程分析　周波变换器的负载可以是阻性负载、阻感性负载、阻容性负载或电机负载。以下用阻感性负载来分析周波变换器电路的整流和逆变工作状态。如图 4-12 所示为经过理想化处理后的周波变换电路，忽略相电压的脉动，等效为正弦交流电源与二极管的串联电路。电路带阻感性负载，故负载电流滞后于电压的角度为 φ。如图 4-13 所示为电路在无环流模式下工作输出的电压及电流波形，电流的方向决定了正反组开始工作的时刻。其主要工作状态分为以下两个阶段：

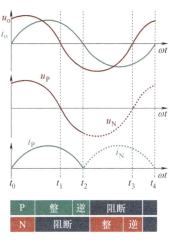

图 4-13　输出电压及电流波形

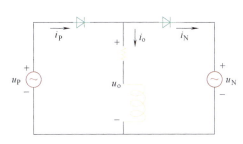

图 4-12　周波变换电路

1）在 $t_0 \sim t_2$ 区间，负载电流为正半波，正组工作，反组封锁。在 $t_0 \sim t_1$ 区间，输出电压和输出电流为正，正组处于整流工作状态，输出功率为正；在 $t_1 \sim t_2$ 区间，输出电压为负，输出电流为正，正组处于逆变工作状态，输出功率为负。

2）在 $t_2 \sim t_4$ 区间，负载电流为负半波，反组工作，正组封锁。在 $t_2 \sim t_3$ 区间，输出电压和输出电流为负，反组处于整流工作状态，输出功率为正；在 $t_3 \sim t_4$ 区间，输出电压为正，输出电流为负，反组处于逆变工作状态，输出功率为负。

从以上阶段可以得出，正反组工作时刻是由电流过零点换向时刻决定的，而电压和电流同向是整流阶段，反向是逆变阶段。

以上是基于理想化模型进行的分析，在实际电路应用中，还要考虑实现无环流工作模式下的死区时间间隔。单相周波变换电路一个周期内输出电压及电流波形如图 4-14 所示，由

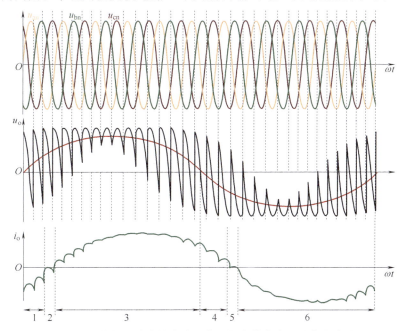

图 4-14　单相周波变换电路一个周期内输出电压及电流波形

于电路是阻感性负载，电流相当于进行了一阶滤波。电路具体工作过程可分为以下六个阶段：

1）区间 1：电流为负，电压为正，此时反组整流器工作，正组封锁，反组处于逆变状态。

2）区间 2：电流在 0 附近波动，正组和反组均不工作，此阶段为无环流死区。

3）区间 3：电流为正，电压为正，此时正组整流器工作，反组封锁，正组处于整流状态。

4）区间 4：电流为正，电压为负，此时正组整流器工作，反组封锁，正组处于逆变状态。

5）区间 5：电流在 0 附近波动，正组和反组均不工作，此阶段为无环流死区。

6）区间 6：电流为负，电压为负，此时反组整流器工作，正组封锁，反组处于整流状态。

2. 三相 AC/AC 变换电路

在实际使用的交流调速系统中，特别是低转速大转矩输出的设备中运用较多的是三相 AC/AC 变换电路。三相 AC/AC 变换电路由三组互隔 120° 的单相 AC/AC 变换电路组成。主要应用的形式有输出无中性点的半波变换器和输出有中性点的全波变换器两种。

（1）输出无中性点的半波变换器　电路各相由正组和反组半波整流器并联而成，进线端采用公共的三相交流电源，交流电机的三个绕组分开，无中性点，如图 4-15 所示。这种形式也称为三脉冲或 18 晶闸管周波变换器。

（2）输出有中性点的全波变换器　电路各相由正组和反组全波整流器并联而成，进线端采用公共的三相交流电源，交流电机的三个绕组星形联结，如图 4-16 所示。这种形式也称为六脉冲或 36 晶闸管周波变换器。

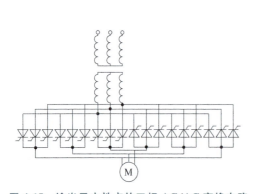

图 4-15　输出无中性点的三相 AC/AC 变换电路

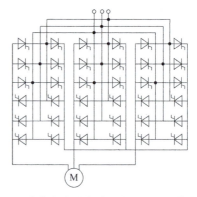

图 4-16　输出有中性点的三相 AC/AC 变换电路

任务实施

1. 任务方案制订

本次实训任务主要是完成变压器基本电路试验板制作。分组查阅相关资料，学习变压器电磁感应原理的基本知识，制订变压器实验电路的任务方案。

2. 实施准备工作

变压器 3 个（6V、12V、24V），电阻 1 个，用电器 1 个。

3. 详细操作步骤

① 12V 变压器性能检测。

实物图		外观检测	搭铁检测	短路检测	断路检测	电阻值
	一次绕组 $L1$					
	二次绕组 $L2$					

② 变压器电路实验。

a. 连接以下电路。

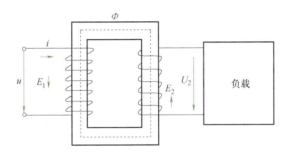

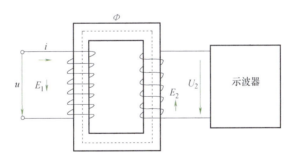

b. 检测相关参数，并用示波器读取输出端波形。

变压器参数	U_1	I_1	U_2	R	I_2	K	输出端波形图
低压 6V							
低压 12V							
低压 24V							

任务 2　认知 AC/DC 变换电路

任务目标

1. 掌握 AC/DC 变换电路的作用及在汽车上的应用。

2. 掌握 AC/DC 变换电路的结构组成及工作原理。

3. 掌握 AC/DC 变换电路的试验板制作。

任务导入

新能源汽车动力电池包储存的是直流电，所以车载充电系统给新能源汽车充电时需要将交流电转换为直流电。那么这个转换是如何来实现的呢？

知识链接

一、AC/DC 变换电路概述

AC/DC 变换电路是实现交流电和直流电转换的电力电子装置，也叫整流电路。在装配有车载充电设备的新能源汽车中，车载充电机将电网的单相或三相交流电转变为直流电供给动力电池包。当驱动电机进入能量反馈阶段时，电机控制器也需要将三相交流电转换成直流电，为动力电池包充电。整流电路分为不可控型整流电路和可控型整流电路两种。

二、不可控型整流电路

1. 单相半波整流电路

单相半波整流电路是实现整流最基本的电路形式，其工作原理如图 4-17 所示。它是利用二极管的单向导通性，将单相的交流电转化为脉动直流电，使得从变压器出来的电压只有半个周期能到达负载，单相半波整流电路的输出波形如图 4-18 所示。该电路由交流电源 U、整流二极管 VD、负载 R_L 组成。

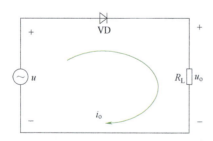

图 4-17 单相半波整流电路工作原理

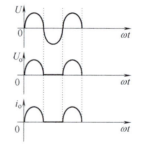

图 4-18 单相半波整流电路的输出波形

单相半波整流电路的工作分为以下两个阶段：

1）在交流电源 U 的正半周，二极管 VD 导通，电流 i_o 通过二极管 VD 流向负载 R_L。

2）在交流电源 U 的负半周，二极管 VD 反向截止，电流无法通过负载 R_L。

以上电路工作产生的整流波形如图 4-18 所示，因为该整流电路只有交流电正半波通过负载，即只有半个周期的二极管导通，输出单方向的脉动直流电。所以称之为单相半波整流电路。

2. 单相全波整流电路

单相全波整流电路结构及工作原理图如图 4-19b 所示。电路由交流电输入电源 U_1，整流二极管 VD_1、VD_2、VD_3、VD_4，负载 R_L 组成。

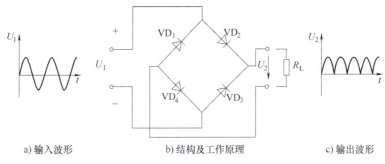

a) 输入波形　　　　　　b) 结构及工作原理　　　　　c) 输出波形

图 4-19　单相全波整流电路

单相全波整流电路的工作包含以下两个阶段：

1）在交流电源 U_1 的正半周，二极管 VD_2 和 VD_4 导通，VD_1 和 VD_3 截止，电流从负载 R_L 上正向通过。

2）在交流电源 U_1 的负半周，二极管 VD_1 和 VD_3 导通，VD_2 和 VD_4 截止，电流从负载 R_L 上正向通过。

以上两个阶段中，交流电源的正负半波都通过二极管流向负载，且都是正向通过，其输入波形如图 4-19a 所示，输出波形如图 4-19c 所示。在输入电源的一个信号周期内有两个半波信号的输出，整流输出效率比半波整流提高一倍，故此电路称为单相全波整流电路。

3. 三相全波整流电路

对于输入电源为三相交流电的二极管整流电路，广泛采用三相全波整流电路。电动汽车在进行制动能量回收时，也采用类似电路。其基本电路结构及工作原理如图 4-20 所示，电路由输入的三相交流电源 U，整流二极管 VD_1、VD_2、VD_3、VD_4、VD_5、VD_6，负载 R 组成。负载 R 的输出电压波形如图 4-21 所示。

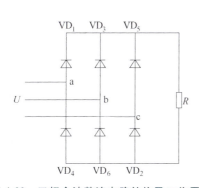

图 4-20　三相全波整流电路结构及工作原理

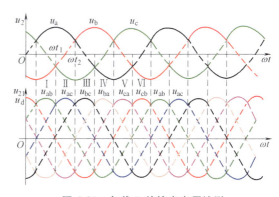

图 4-21　负载 R 的输出电压波形

六个整流二极管中，VD_1、VD_3、VD_5 阴极相连，VD_2、VD_4、VD_6 阳极相连，共同构成桥式整流电路。该电路在工作时，遵循以下导通规律：共阳极的三个二极管中，阴极电压最低者导通。共阴极的三个二极管中，阳极电压最高者导通。其工作情况可分为以下六个阶段：

1）在波形 I 阶段，U_a 电压最高，U_b 电压最低。此时 VD_1 和 VD_6 导通，$U_d = U_{ab} = U_a - U_b$。

2）在波形 Ⅱ 阶段，U_a 电压最高，U_c 电压最低。此时 VD$_1$ 和 VD$_2$ 导通，$U_d = U_{ac} = U_a - U_c$。

3）在波形 Ⅲ 阶段，U_b 电压最高，U_c 电压最低。此时 VD$_2$ 和 VD$_3$ 导通，$U_d = U_{bc} = U_b - U_c$。

4）在波形 Ⅳ 阶段，U_b 电压最高，U_a 电压最低。此时 VD$_3$ 和 VD$_4$ 导通，$U_d = U_{ba} = U_b - U_a$。

5）在波形 Ⅴ 阶段，U_c 电压最高，U_a 电压最低。此时 VD$_4$ 和 VD$_5$ 导通，$U_d = U_{ca} = U_c - U_a$。

6）在波形 Ⅵ 阶段，U_c 电压最高，U_b 电压最低。此时 VD$_5$ 和 VD$_6$ 导通，$U_d = U_{cb} = U_c - U_b$。

以上六个阶段是一个周期的三相交流电共同完成转换为具有六个脉冲波形的直流电的过程。整流输出的电压 U_d 等于各个不同时刻相电压的叠加。显然，三相全波整流电路输出电压 U_d 的波形与单相全波整流电路相比更平滑，脉动幅值较小，后期滤波更为简单。电动汽车的驱动电机能量回馈系统正是基于以上工作原理完成能量的回收，如图 4-22 所示。

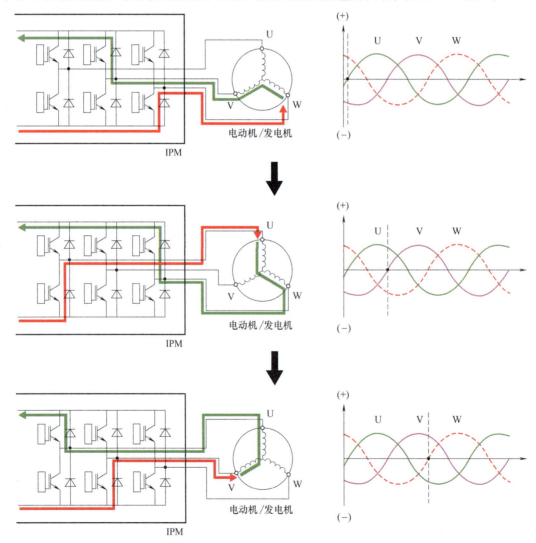

图 4-22　电动汽车驱动电机能量回馈

三、可控型整流电路

可控型整流电路分为由晶闸管构成的半控型整流电路和由 IGBT 构成的全控型整流电路。而采用 SPWM 控制技术的全控型整流电路相比传统的整流电路，有以下优点：通过控制全控型开关元件的 PWM 占空比，可以消除交流输入侧电流畸变，使其更接近正弦波形，且相位与输入电压同相；整流后直流侧输出电压波纹较小；另外，功率因数得到提高，接近 1。PWM 整流电路可分为电压源型和电流源型两种。下面主要以单相及三相电压源型 PWM 整流电路为例作电路原理阐述。

1. 单相电压源型 PWM 整流电路

单相电压源型 PWM 整流电路结构及工作原理如图 4-23 所示。电路由单相交流电源 AC，储能电感 L，电源电阻 R_S，全控型功率开关元件 VT_1、VT_2、VT_3、VT_4，四个反向并联的整流二极管 VD_1、VD_2、VD_3、VD_4，电容 C，负载 R_L 组成。

PWM 整流电路不是单一功能的 AC/DC 变换电路，它能够实现升压、整流和逆变三种工作模式。三种工作模式一共有八种不同的开关组合方式，电路工作过程可分为以下八个阶段：

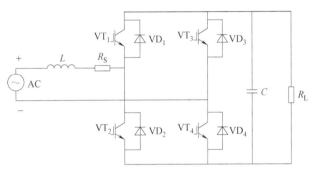

图 4-23　单相电压源型 PWM 整流电路结构及工作原理

1）当单相交流电源处于正半周时，VT_2 和 VD_4 导通。此时电路构成两个回路：一是交流电源 AC，电感 L，VT_2，VD_4，交流电源给电感储能充电；二是电容 C，负载 R_L，电容向负载放电。

2）当单相交流电源处于正半周时，VT_3 和 VD_1 导通。此时电路构成两个回路：一是交流电源 AC，电感 L，VD_1，VT_3，交流电源给电感储能充电；二是电容 C，负载 R_L，电容向负载放电。

3）当单相交流电源处于正半周时，VD_1 和 VD_4 导通。此时电路构成一个回路：交流电源 AC，电感 L，VD_1，电容 C 和负载 R_L，VD_4。由于电感 L 磁通发生变化，感应电压与电源电压叠加作用于电容 C 与负载 L，实现升压整流的过程。

4）当单相交流电源处于正半周时，VT_1 和 VT_4 导通。此时电路构成两个回路：一是电容 C，负载 R_L，电容向负载放电；二是电容 C，VT_1，电感 L，交流电源 AC，VT_4，电容 C 向交流电源反馈电流，这是一个 DC/AC 的逆变过程。

5）当单相交流电源处于负半周时，VT_4 和 VD_2 导通。此时电路构成两个回路：一是交流电源 AC，电感 L，VT_4，VD_2，交流电源给电感储能充电；二是电容 C，负载 R_L，电容向负载放电。

6）当单相交流电源处于负半周时，VT_1 和 VD_3 导通。此时电路构成两个回路：一是交流电源 AC，电感 L，VD_3，VT_1，交流电源给电感储能充电；二是电容 C，负载 R_L，电容向负载放电。

7）当单相交流电源处于负半周时，VD_2 和 VD_3 导通。此时电路构成一个回路：交流电源 AC，VD_3，电容 C 和负载 R_L，VD_2，电感 L。由于电感 L 磁通发生变化，感应电压与电源电压叠加作用于电容 C 与负载 L，实现升压整流的过程。

8）当单相交流电源处于负半周时，VT_2 和 VT_3 导通。此时电路构成两个回路：一是电容 C，负载 R_L，电容向负载放电；二是电容 C，VT_3，交流电源 AC，电感 L，VT_2，电容 C 向交流电源反馈电流，这是一个 DC/AC 的逆变过程。

以上八个工作过程，通过控制全控型开关元件的导通顺序和 PWM 占空比，不仅可以实现整流输出电压的升压调节，还可以实现电源的逆变。

2. 三相电压源型 PWM 整流电路

三相电压源型 PWM 整流电路结构及工作原理如图 4-24 所示。电路由三相交流电源 U_a、U_b、U_c，电源电阻 R，储能电感 L，六个全控型功率开关元件 VT_1、VT_2、VT_3、VT_4、VT_5、VT_6，六个反向并联的整流二极管 VD_1、VD_2、VD_3、VD_4、VD_5、VD_6；电容 C；负载 R_L 组成。

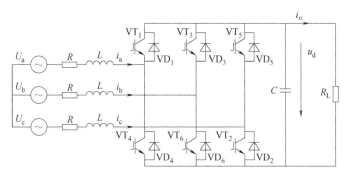

图 4-24　三相电压源型 PWM 整流电路结构及工作原理

三相电压源型 PWM 整流电路工作原理和单相电压源型 PWM 整流电路基本一致。通过控制全控型开关元件的 PWM 占空比，在交流侧得到符合正弦规律变化的 PWM 电压，可以作为一个可控的正弦三相电压源。控制整流电路输出的三相交流电压的时间间隔和相位，就可以得到对应大小和相位的输入电流。

任务实施

1. 任务方案制订

本次实训任务主要是完成半波整流、全波整流和桥式整流基本电路试验板制作。分组查阅相关资料，学习整流滤波电路的基本知识，分析整流滤波电路的工作原理，制作三种整流滤波电路并制订其任务方案。

2. 实施准备工作

1）半波整流电路制作元件准备：12V 变压器 1 个，整流二极管 1 个（1N4007），电阻（电机）1 个（10~100kΩ），面包板 1 块。

2）全波整流电路制作元件准备：12V 变压器 1 个，整流二极管 2 个（1N4007），电阻（电机）1 个（10~100kΩ），面包板 1 块。

3）桥式整流滤波电路制作元件准备：12V 变压器 1 个，整流二极管 4 个（1N4007），电容器 2 个（470~2000μF），电阻（电机）1 个（10~100kΩ），面包板 1 块。

3. 详细操作步骤

步骤与图示	方法与结果
①半波整流电路制作 a. 根据下图所示电路原理图,制作的电路试验板需满足电路输出端有半波信号输出 b. 利用示波器,读取负载 R_L 两端输出波形并分析 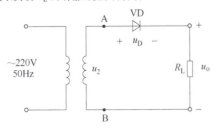  	是否完成 □ 完成 □ 未完成 原因:
②全波整流电路制作 a. 根据下图所示电路原理图,制作的电路试验板需满足电路输出端有全波信号输出 b. 利用示波器,读取负载 R_L 两端输出波形并分析 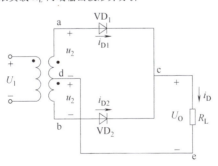  	是否完成 □ 完成 □ 未完成 原因:

（续）

步骤与图示	方法与结果
③桥式整流滤波电路制作 a. 根据下图所示电路原理图,制作的电路试验板需满足无滤波时输出端有振荡直流信号,有电容滤波时会随滤波效果逐步变换成恒定直流信号输出 b. 利用示波器,读取负载 R_L 滤波前及滤波后输出波形并分析 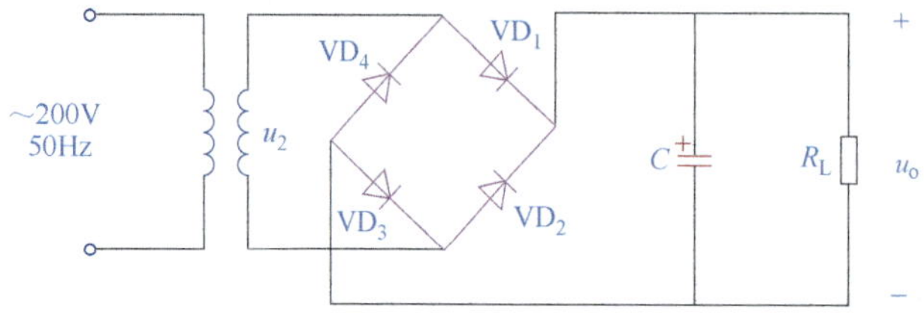  	是否完成 □ 完成 □ 未完成 原因：

任务 3　认知 DC/DC 变换电路

任务目标

1. 掌握 DC/DC 变换电路的作用及在汽车上的应用。

2. 掌握 DC/DC 变换电路的结构组成及工作原理。

3. 掌握升压、降压、隔离型 DC/DC 变换电路的试验板制作。

任务导入

　　某新能源汽车 4S 店员工小王参加公司组织的季度技术培训,培训师希望小王能叙述电动汽车低压配电系统充电的工作原理。如果你是小王，你该如何回答这个问题呢？

知识链接

一、DC/DC 变换电路概述

DC/DC 变换电路是依靠功率电子器件实现直流电源之间升、降压转换功能的功率电子电路。从电路结构形式上可将其分为两类：一种是电路中加入变压器，间接实现直流电压转换功能的隔离型 DC/DC，另一种是电路中无变压器介入的非隔离型 DC/DC。在新能源汽车中没有传统汽车的发电机，DC/DC 变换器将高压电池包的高压转变成 13.8V 的低压，为 12V 低压蓄电池和车载用电设备供电。在新能源汽车带升、降压转换功能的逆变器总成中，DC/DC 变换电路既可以将高压电池包的电压升高到目标电压供给驱动电机使用，也可以将驱动电机的能量反馈电压降低至电池包合适的充电电压大小，给高压电池包充电，其用途如图 4-25 所示。

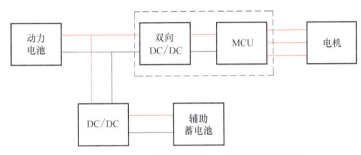

图 4-25　DC/DC 变换电路在电动汽车上的用途

DC/DC 变换电路的特点：

1）实现 DC/DC 升、降压转换功能。

2）根据需要实现输出电压的实时调节。

3）隔离型 DC/DC 有利于提升电路的安全性。

二、非隔离型 DC/DC 变换电路

1. DC/DC 降压变换电路结构及工作原理

DC/DC 降压变换电路结构及工作原理如图 4-26 所示，电路包含的基础元件有直流电源 U_I，全控型开关元件 S，电感 L，滤波电容 C，续流二极管 VD，负载 R_L，PWM 驱动电路。

全控型功率半导体开关状态由 PWM 占空比驱动电路控制，电路工作分为以下两个阶段：

1）当开关 S 处于导通状态时，直流电源 U_I 通过电感 L、负载 R_L 形成供电回路，此时续流二极管 VD 处于反向截止状态。电感 L 储存磁能，电流逐渐增大，负载 R_L 的电压逐渐升高。此时，$i_I = i_L$。

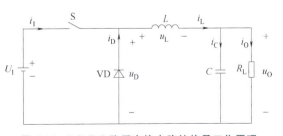

图 4-26　DC/DC 降压变换电路结构及工作原理

2）当开关 S 处于截止状态时，直流电源 U_I 停止向负载 R_L 供电，此时续流二极管 VD 处于正向导通状态。电感 L 储存的磁能转化为电能，通过续流二极管 VD 向负载 R_L 供电。随后电感 L 的磁能减弱，输出电流也随之减小，负载 R_L 上的电压下降。此时，$i_L = i_D$。

以上两个工作阶段中负载 R_L 两端输出电压大小的改变，是根据 PWM 驱动电路占空比信号控制全控型功率开关元件 S（如 IGBT）来实现的。通过控制开关 S 的占空比，可以实现电感电流持续导通（CCM）和间隔导通（DCM）两种控制模式。即在某个 PWM 占空比信号周期内，可以调节输入电压，得到降压后稳定的输出电压。

2. DC/DC 升压变换电路结构及工作原理

DC/DC 升压变换电路结构及工作原理如图 4-27 所示，电路包含的基础元件有直流电源 U_I，全控型开关元件 S，电感 L，滤波电容 C，续流二极管 VD，负载 R_L，PWM 驱动电路。

全控型功率半导体开关状态由 PWM 占空比驱动电路控制，电路的工作分为以下两个阶段：

1）当开关 S 处于导通状态时，直流电源 U_I 通过电感 L 形成回路，此时电感 L 上的电流逐渐增大，电能转化为磁能储存。

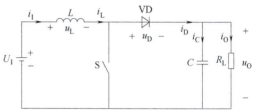

图 4-27 DC/DC 升压变换电路结构及工作原理

2）当开关 S 处于关断状态时，直流电源 U_I 和电感 L 通过续流二极管 VD 同时向负载 R_L 供电。此时由于电感电流持续减小，磁通量发生变化，产生一个阻碍电流减小的电动势。该电动势与直流电源叠加，使得负载 R_L 两端电压得到提升，达到升压目的。

与降压的控制一样，升压过程仍然是通过控制全控型功率开关元件 S 的 PWM 占空比来实现的，同样可以实现电感电流持续导通（CCM）和间隔导通（DCM）两种控制模式，以此达到升压后某个稳定的目标输出电压大小。当开关 S 关断后，电感电流持续为电容 C 充电和为负载 R_L 供电。当开关 S 导通时，电感相当于短路充电，此时电容 C 向负载 R_L 供电。

3. 丰田卡罗拉双擎增压变换器控制

丰田卡罗拉双擎采用 DC 201.6V 动力电池，混合动力系统的工作电压为 DC 600V。增压变换器将 HV 蓄电池输出的公称电压 DC 201.6V 升至最高电压 DC 600V，其电路结构及工作原理如图 4-28 所示。增压变换器由带一对内置绝缘栅双极晶体管（IGBT）的增压智能电

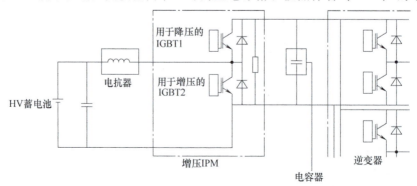

图 4-28 丰田卡罗拉双擎增压变换器结构及工作原理

源模块（IPM）以及起感应器作用的电抗器组成。变换器通过使用这些零部件升高电压。当 MG1 或 MG2 作为发电机工作时，逆变器将交流（最高电压 600V）转换为直流，然后增压变换器将电压降至公称电压 DC 201.6V，从而为 HV 蓄电池充电。

（1）DC/DC 升压步骤

步骤一：IGBT2 接通使 HV 蓄电池（DC 201.6V 的标称电压）为电抗器充电，从而使电抗器存储了电能，如图 4-29 所示。

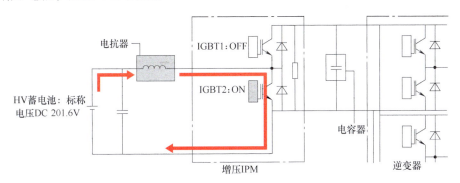

图 4-29　工作过程 1

步骤二：IGBT2 断开使电抗器产生电动势（电流持续从电抗器流出）。该电动势使电压升至最高电压 DC 600V。在电抗器产生的电动势的作用下，电抗器中流出的电流以增压后的电压流入逆变器和电容器，如图 4-30 所示。

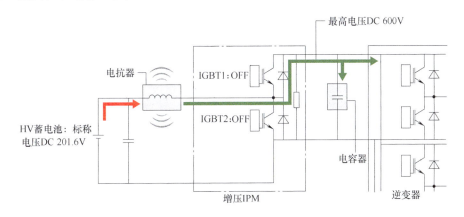

图 4-30　工作过程 2

步骤三：IGBT2 再次接通，使 HV 蓄电池为电抗器充电。与此同时，通过释放电容器中存储的电能（最高电压为 DC 600V），继续向逆变器提供电能，如图 4-31 所示。

（2）DC/DC 降压步骤

MG1 或 MG2 产生的用于为 HV 蓄电池充电的交流电压被逆变器转换为直流电压（最高电压为 DC 600V）。然后，使用增压变换器将电压逐步降至约 DC 201.6V。这个操作是利用占空比控制，使 IGBT1 在 ON 和 OFF 之间切换，间歇性地中断逆变器对电抗器的供电完成的，具体工作原理如图 4-32 所示。

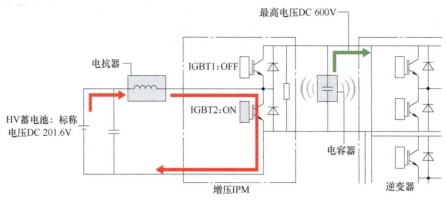

图 4-31　工作过程 3

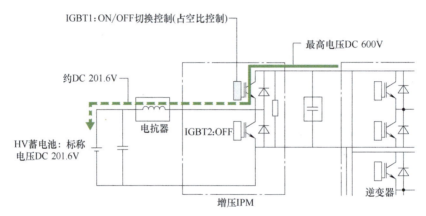

图 4-32　DC/DC 降压工作原理

三、隔离型 DC/DC 变换电路

隔离型 DC/DC 既可以实现直流电源输入及输出端的电气隔离，也可以完成电压的调节，提高电气设备安全性能。隔离型 DC/DC 变换电路是通过一个固定匝数的一次绕组及改变二次绕组匝数的方式，完成升、降压的功能。根据驱动电路控制方式和一次绕组磁通量的变化对二次绕组的输出影响不同，可以分为单端正激式变换器、单端反激式变换器、推挽式变换器、半桥式变换器和全桥式变换器（也称 H 桥式变换器）。下面以单端正激式变换器、单端反激式变换器和全桥式变换器的工作过程为例进行介绍。

1. 单端正激式变换电路基本结构及工作原理

单端正激式变换电路基本结构及工作原理如图 4-33 所示，电路包含的基础元件有直流电源 U_I，全控型功率开关 S，变压器 T，续流二极管 VD_1、VD_2，电感 L，滤波电容 C，负载 R。

全控型功率半导体开关状态由 PWM 占空比驱动电路控制，电路工作

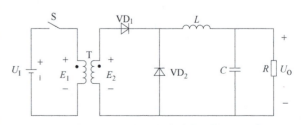

图 4-33　单端正激式变换电路基本结构及工作原理

分为以下两个阶段：

1）当开关 S 导通时，电流流过变压器 T 的一次绕组，磁通量增加，二次绕组在一次绕组磁通变化的作用下，正向感应电压使得二极管 VD$_1$ 正向导通，二极管 VD$_2$ 截止。此时电流经过电感 L 给负载 R 供电。

2）当开关 S 关断时，变压器 T 感应电压反向。此时二极管 VD$_1$ 截止，二极管 VD$_2$ 导通，电感 L 通过二极管 VD$_2$ 继续给负载 R 供电。

通过控制全控型功率半导体开关 S 的 PWM 占空比输出，可以调节变压器一次绕组的电压大小，通过改变二次绕组的匝数，得到不同的电压等级。这种通过开关导通的方式实现能量转换的电路称为单端正激式变换器。

2. 单端反激式变换电路基本结构及工作原理

单端反激式变换电路基本结构及工作原理如图 4-34 所示，电路包含的基础元件有直流电源 U_1，全控型功率开关 S，变压器 T，续流二极管 VD，滤波电容 C，负载 R。

全控型功率半导体开关状态由 PWM 占空比驱动电路控制，电路工作分为以下两个阶段：

1）当开关 S 导通时，电流流过变压器 T 的一次绕组，磁通量增加，二次绕组在一次绕组磁通变化的作用下，反向感应电压使得二极管 VD 反向截止，电流无法通过负载 R。

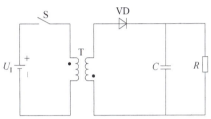

图 4-34　单端反激式变换电路
基本结构及工作原理

2）当开关 S 关断时，变压器 T 一次绕组发出反向电压，二次绕组感应电压使得二极管 VD 导通，向负载 R 供电。

这种通过开关关断的方式实现能量转换的电路称为单端反激式变换器，变压器 T 二次绕组受磁通量的影响所感应的电压方向与单端正激式变换器相反。

3. 全桥式变换电路基本结构及工作原理

全桥式变换电路基本结构及工作原理如图 4-35 所示，电路包含的基础元件有直流电源 U_1，全控型功率开关 S_1、S_2、S_3、S_4，变压器 T，续流二极管 VD$_1$、VD$_2$，电感 L，滤波电容 C，负载 R。

全控型功率半导体开关状态由 PWM 占空比驱动电路控制，电路工作分为以下三个阶段：

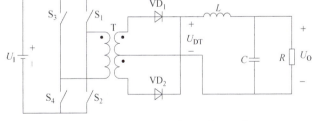

图 4-35　全桥式变换电路基本结构及工作原理

1）当开关 S_1 和 S_4 导通、S_2 和 S_3 关断时，电流流过变压器 T 的一次绕组，磁通量增加，二次绕组在一次绕组磁通量变化作用下，正向感应电压使得二极管 VD$_1$ 导通，二极管 VD$_2$ 截止。此时电流经过电感 L 给负载 R 供电。

2）当开关 S_2 和 S_3 导通、S_1 和 S_4 关断时，变压器 T 感应出反向电压。此时二极管 VD$_1$ 截止，二极管 VD$_2$ 导通，电流经过电感 L、二极管 VD$_2$ 继续给负载 R 供电。

3）当开关 S_1、S_2、S_3、S_4 关断时，电感 L 通过二极管 VD$_1$ 和 VD$_2$ 同时向负载 R 续流供电。

该变换器通过对角功率半导体开关元件同时触发，另一对角开关同时关断，实现流过变压器一次绕组的电流方向改变。这种电路工作方式的变换器称为全桥式变换器。

4. 吉利帝豪 EV450 DC/DC 工作原理

帝豪 EV450 DC/DC 变换器集成在驱动电机控制器（PEU）下部，用于将动力电池输出的公称电压 364V 降至辅助蓄电池及辅助电气设备使用的公称电压 12V，如图 4-36、图 4-37 所示。

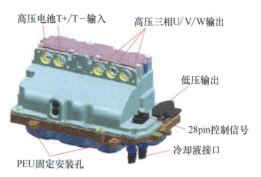

图 4-36　帝豪 EV450 PEU 结构

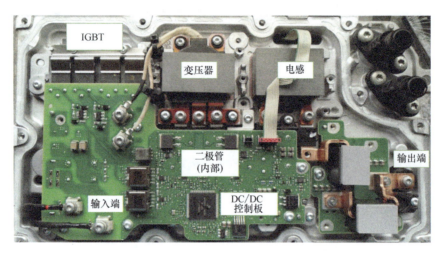

图 4-37　帝豪 EV450 DC/DC 模块内部结构

由于车辆有两种电压（高压、低压），为确保设备安全及人身安全，降压型 DC/DC 均采用隔离型 DC/DC，利用变压器进行电压转换有助于提高电气设备的安全性能。

隔离型 DC/DC 先将高压直流电转换为交流电，再经变压器降压至 AC12V 左右，最后经过整流电路转换为公称 12V 的直流电，其工作过程如图 4-38 所示。

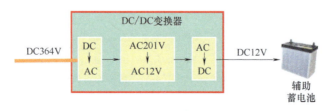

图 4-38　DC/DC 工作过程

任务实施

1. 任务方案制订

本次实训任务主要是完成隔离型与非隔离型 DC/DC 基本电路试验板制作。分组查阅相关资料，学习直流变换器的基本知识，分析 DC/DC 变换器电路工作原理，制订电路制作任务方案。

2. 实施准备工作

1）升、降压型 DC/DC 变换电路（非隔离型 DC/DC）制作元件准备：12V 直流电源 1个，电阻 1 个（10kΩ），NMOS 管 1 个，电容器 2 个（100μF），电感 1 个，二极管 1 个，面包板 1 块，示波器 1 台。

2）隔离型 DC/DC 变换电路制作元件准备：12V 直流电源 1 个，电阻 1 个（10kΩ），NMOS 管 4 个，电容器 2 个（100μF），电感 1 个，二极管 8 个，面包板 1 块，变压器 1 个，示波器 1 台。

3. 详细操作步骤

① 升压型 DC/DC 变换电路制作。

a. 根据电路原理图，制作的电路试验板需满足以下功能要求：当 NMOS 管 V 导通时，电流通过电感 L 时会在 L 中存储能量，此时负载上的电压由 C_2 提供，当开关管 V 关断时，电感 L 释放能量，输出电压为输入电压 U_d 与 L 产生的电压相加，故提高了输入电压。

b. 利用示波器，读取负载 R 输出波形并分析。

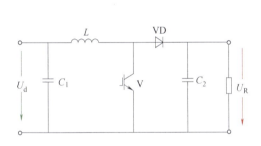

② 降压型 DC/DC 变换电路制作。

a. 根据电路原理图，制作的电路试验板需满足以下功能要求：当 V 导通时，L 与 C_2 蓄能，向负载 R 输电；当 V 关断时，C_2 向负载 R 输电，L 通过 D 向负载 R 输电。

b. 利用示波器，读取负载 R 输出波形并分析。

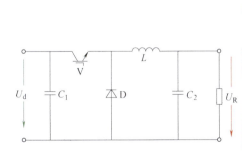

③ 降压型 DC/DC 变换电路制作。

a. 根据电路原理图，制作的电路试验板需满足以下功能要求：变压器输出的全桥直流变换电路，采用变压器将输入的电源与输出方的负载隔离，并实现电压的变比。在变压器次级采用了桥式全波整流与 LC 滤波。

b. 利用示波器，读取变压器输入端、变压器输出端和负载 R 输出波形并分析。

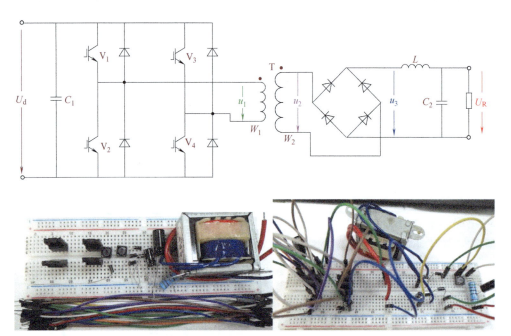

任务目标

1. 掌握 DC/AC 变换电路的作用及在汽车上的应用。
2. 掌握 DC/AC 变换电路的结构组成及工作原理。
3. 掌握基本 DC/AC 变换电路的试验板制作。

任务导入

纯电动汽车动力源来自三相交流电机，能源储存依靠高压直流电池，两者之间电路可逆，那么直流电源与交流用电器之间是如何来实现能量传递和转换的呢？

知识链接

一、DC/AC 变换电路概述

新能源汽车驱动电机控制器必须将高压电池包的直流电转变成三相交流电供给驱动电机使用，其中 DC/AC 的过程就是逆变，此类电源转换装置称为逆变器。根据输入电源的类型不同，将逆变器分为电压源型（VSI）和电流源型（CSI）两类。车载电机控制器中的逆变模块通常采用三相电压源型逆变器，此类逆变器输出功率较高，在新能源汽车上应用广泛。下面主要以电压源型逆变器为例进行介绍。

二、电压源型逆变电路

1. 全桥式单相电压源型逆变电路结构与工作原理

全桥式单相电压源型逆变电路结构与输出波形如图 4-39 所示，电路包含一个直流电源 U_d，开关元件 S_1、S_2、S_3、S_4，感性负载 L。

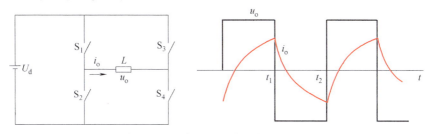

图 4-39　全桥式单相电压源型逆变电路结构与输出波形

该电路通过开关器件换相原理将直流电转换成交流电（方波）。从图 4-39 中可知，同一桥臂上的两个开关元件不能同时导通，否则将引起电源短路。其基本电路工作过程分为以下两个阶段：

1）当开关 S_1 和 S_4 导通、S_2 和 S_3 关断时，电流正向流过负载电感 L，此时加载在负载电感 L 上的电压为 U_0。

2）当开关 S_2 和 S_3 导通、S_1 和 S_4 关断时，电流反向流过负载电感 L，此时加载在负载电感 L 上的电压为 $-U_0$。

该电路开关 S 采用全控型功率开关元件，通过驱动电路控制开关 S 的 PWM 占空比，可以实现波形相位和幅值的调制，此为常用的单相电压源型逆变器 SPWM 脉宽调制技术。

2. 三相电压源型逆变电路结构与工作原理

尽管结构不同，但所有三相 AC 感应电机（ACIM）和三相永磁电机（BLDC、PMSM 或 PMAC）都是由 PWM 调制的三相桥（三个半桥）驱动，以便采用频率幅度可变的三相电压和电流为电机供电，如图 4-40 所示。

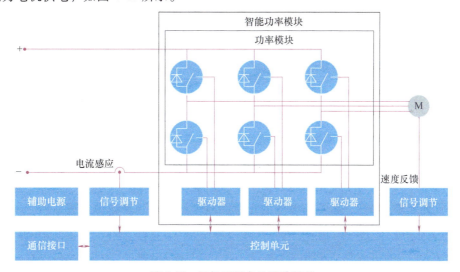

图 4-40　三相无刷电机驱动原理

车载三相电压源型逆变电路基本原理如图 4-41 所示，电路包含一个直流电源 U，开关元件 VT_1、VT_2、VT_3、VT_4、VT_5、VT_6，整流二极管 VD_1、VD_2、VD_3、VD_4、VD_5、VD_6，三相交流电机星形负载。

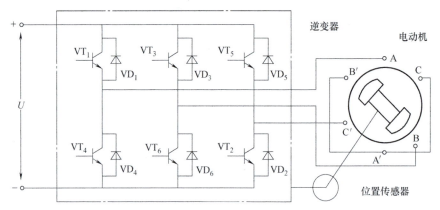

图 4-41　车载三相电压源型逆变电路基本原理

该逆变电路由三个桥臂组成，每个桥臂上两个全控型功率开关，每个开关上并联一个续流二极管。该电路既可以实现直流电源转换为三相交流电源，也可以具备能量反馈功能。6 个全控型功率开关器件（IGBT）间隔 60° 依次导通，其基本电路工作过程如图 4-42 所示，可以分为六个阶段：

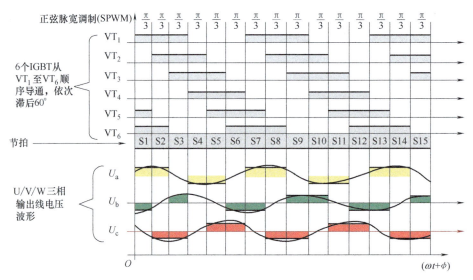

图 4-42　三相电压源型逆变电路工作过程

1）在 S1 时间区间内，当开关 VT_1、VT_5、VT_6 导通，VT_2、VT_3、VT_4 截止时，电路导通路线有两条：一是直流电源正极、VT_1、电机定子绕组 A 相、中性点、B 相、VT_6、直流电源负极，此时 $U_{ab}=U_a$，是 A 相电压的正脉冲波形。二是直流电源正极、VT_5、电机定子绕组 C 相、中性点、B 相、VT_6、直流电源负极，此时 $U_{cb}=-U_b$，是 B 相电压的负脉冲波形。

2）在 S2 时间区间内，当开关 VT_1、VT_2、VT_6 导通，VT_3、VT_4、VT_5 截止时，电路

导通路线有两条：一是直流电源正极、VT_1、电机定子绕组 A 相、中性点、C 相、VT_2、直流电源负极，此时 $U_{ac} = -U_c$，是 C 相电压的负脉冲波形。二是直流电源正极、VT_1、电机定子绕组 A 相、中性点、B 相、VT_6、直流电源负极，此时 $U_{ab} = U_a$，是 A 相电压的正脉冲波形。

3）在 S3 时间区间内，当开关 VT_1、VT_2、VT_3 导通，VT_4、VT_5、VT_6 截止时，电路导通路线有两条：一是直流电源正极、VT_1、电机定子绕组 A 相、中性点、C 相、VT_2、直流电源负极，此时 $U_{ac} = -U_c$，是 C 相电压的负脉冲波形。二是直流电源正极、VT_3、电机定子绕组 B 相、中性点、C 相、VT_2、直流电源负极，此时 $U_{bc} = U_b$，是 B 相电压的正脉冲波形。

4）在 S4 时间区间内，当开关 VT_2、VT_3、VT_4 导通，VT_1、VT_5、VT_6 截止时，电路导通路线有两条：一是直流电源正极、VT_3、电机定子绕组 B 相、中性点、A 相、VT_4、直流电源负极，此时 $U_{ba} = -U_a$，是 A 相电压的负脉冲波形。二是直流电源正极、VT_3、电机定子绕组 B 相、中性点、C 相、VT_2、直流电源负极，此时 $U_{bc} = U_b$，是 B 相电压的正脉冲波形。

5）在 S5 时间区间内，当开关 VT_3、VT_4、VT_5 导通，VT_1、VT_2、VT_6 截止时，电路导通路线有两条：一是直流电源正极、VT_3、电机定子绕组 B 相、中性点、A 相、VT_4、直流电源负极，此时 $U_{ba} = -U_a$，是 A 相电压的负脉冲波形。二是直流电源正极、VT_5、电机定子绕组 C 相、中性点、A 相、VT_4、直流电源负极，此时 $U_{ca} = U_c$，是 C 相电压的正脉冲波形。

6）在 S6 时间区间内，当开关 VT_4、VT_5、VT_6 导通，VT_1、VT_2、VT_3 截止时，电路导通路线有两条：一是直流电源正极、VT_5、电机定子绕组 C 相、中性点、A 相、VT_4、直流电源负极，此时 $U_{ca} = U_c$，是 C 相电压的正脉冲波形。二是直流电源正极、VT_5、电机定子绕组 C 相、中性点、B 相、VT_6、直流电源负极，此时 $U_{cb} = -U_b$，是 B 相电压的负脉冲波形。

同样，由于电路采用全控型功率开关器件（IGBT），通过驱动电路来控制 IGBT 的 PWM 占空比，可以实现波形相位和幅值的调制，通常采用三相空间电压矢量 PWM 技术，如图 4-43 所示。

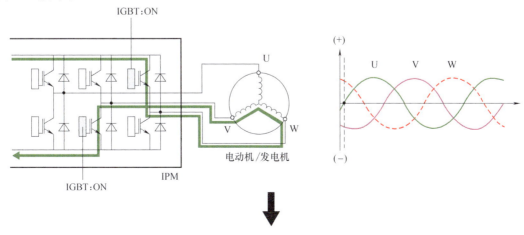

图 4-43　驱动电机输出控制

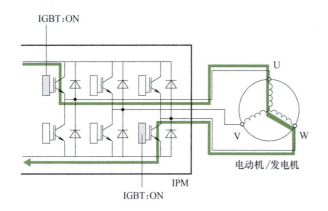
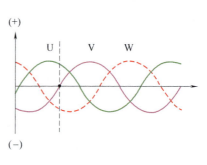

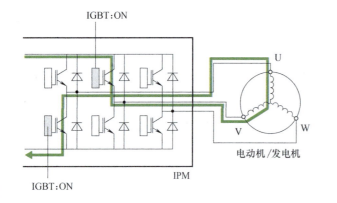
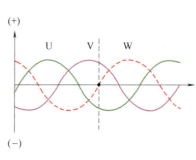

图 4-43　驱动电机输出控制（续）

任务实施

1. 任务方案制订

本次实训任务主要是完成逆变器基本电路试验板制作。分组查阅相关资料，学习逆变电路的基本知识，分析逆变电路的工作原理，制作 IGBT 逆变电路并制订其任务方案。

2. 实施准备工作

可调直流电源 1 个，常开开关 4 个，电阻 1 个，导线若干，面包板 1 块，示波器 1 台。

3. 详细操作步骤

步骤与图示	方法与结果
①根据电路原理图,制作的电路试验板需满足以下功能要求:闭合开关 S_1、S_4,断开开关 S_2、S_3,负载电阻电压 u_o 为正;闭合开关 S_2、S_3,断开开关 S_1、S_4,负载电阻电压 u_o 为负 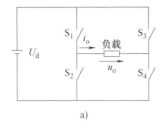 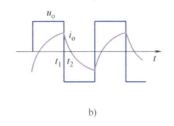 　　　　a)　　　　　　　　　　　　　　b)	是否完成 □ 完成 □ 未完成 原因：
②利用示波器测量负载两端电压波形 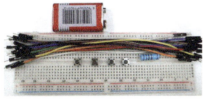 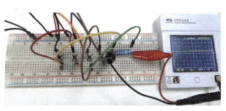	是否完成 □ 完成 □ 未完成 原因：

项目五

电机控制器

情境描述

新能源汽车驱动电机控制器是纯电动汽车和混合动力汽车电机驱动系统的核心，是新能源汽车的电能转换单元。其关键技术为功率半导体模块和运行控制等。其中功率开关元件成本占整个控制器成本的绝大部分，目前功率半导体模块主要使用 IGBT 模块。欧美和日韩企业凭借自身传统技术的优势及稳定的产品性能占据了绝对的市场优势。随着新能源汽车在我国逐步兴起，国内掀起了一波 IGBT 研发浪潮，很多汽车生产厂商也开始 IGBT 的制造研发。例如北汽新能源和比亚迪新能源分别与电气半导体龙头企业签订合作协议，为 IGBT 国产化打下基础。

情境目标

1. 能说出驱动电机控制器的基本功能和结构组成。
2. 能说出驱动电机控制器的基本工作原理。
3. 掌握驱动电机控制器 IGBT 模块的测量方法。

任务1　认知电机控制器

任务目标

1. 掌握驱动电机控制器的主要功能与类型。
2. 掌握驱动电机控制器的内部结构及外部特征。
3. 掌握驱动电机控制器总成的拆卸与安装。

任务导入

某新能源汽车 4S 店员工小王今天接了一台无法行驶的故障车。经师傅检查发现是驱动电机控制器出现故障，并交代小王进行更换。如果你是小王，你该如何确保顺利完成任务呢？

知识链接

一、电机控制器的功能与分类

驱动电机控制器是新能源汽车电驱动系统的控制单元。驱动电机控制器类似于传统汽车的发动机控制单元，主要功能是在车辆运行过程中管理和控制驱动电机的转速、转矩、功率以及旋转方向，并且使电机具备在制动、滑行等过程中转变为发电机，对动力电池包进行充电的功能，即能量反馈。同时，驱动电机控制器能够实现与外部系统（BMS、VCU等）相互通信以及对驱动电机控制系统进行实时状态监控，确保驱动电机控制系统与整车的稳定、高效及安全运行。

目前新能源汽车上采用的电机控制器类型有两种。一种是仅具备控制驱动电机工作状态功能的独立模块，如北汽的EV160电机控制器。此类电机控制器结构简单，维修方便。另一种则是以比亚迪汽车为代表的高集成化控制模块，如2017款比亚迪e5采用了"四合一"高压电控总成。内部集成了三相两电平双向交流逆变式电机控制器模块VTOG、车载充电机模块、DC/DC变换器模块和高压配电箱模块等。集成化程度越高，越有利于合理利用车辆内部空间、节约成本以及优化系统控制逻辑。

二、驱动电机控制器的结构组成及外部特征

1. 吉利帝豪EV450电机控制器外部特征

吉利帝豪EV450的车载充电机分线盒内部集成OBC与高压配电箱，电机控制器内集成了DC/DC，称为PEU，其外观如图5-1所示。

图5-1　PEU外观

吉利帝豪EV450驱动电机控制器安装在驱动电机上方，其具体安装位置如图5-2所示。

电机控制器外部接口：连接车载充电机分线盒的高压电池直流正、负极母线接口，驱动电机三相线束输出接口，DC/DC低压输出接口，电机控制模块线束连接口以及冷却液接口，如图5-3所示。

图 5-2　吉利帝豪 EV450 PEU 安装位置

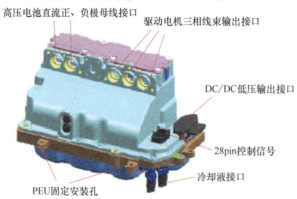

图 5-3　吉利帝豪 EV450 电机控制器外部接口

吉利帝豪 EV450 电机控制器（PEU）具体性能参数见表 5-1。

表 5-1　帝豪 EV450 电机控制器（PEU）性能参数

项目	参数	单位
额定功率	42	kW
峰值功率	120	kW
额定转矩	105	N·m
峰值转矩	250	N·m
最高转速	12000	r/min
电机旋转方向	从轴伸出端看电机逆时针旋转	—
温度传感器类型	NTC	—
温度传感器型号	SEMIT103NT-4（11-C041-4）	—
冷却液类型	50%水+50%乙二醇	—
冷却液流量要求	2~6	L/min

2. 吉利帝豪 EV450 电机控制器结构组成

吉利帝豪 EV450 电机控制器控制动力电池组与驱动电机之间能量精确转换输出，同时具备将车轮的动能转换成电能给动力电池充电的功能。一方面通过采集电机位置信号和三相电流信号，精确控制电机运转。另一方面通过 CAN 总线与整车控制器（VCU）等系统实现信息交互，收集驾驶人意图（加速踏板、制动、档位），输出 VCU 发送的目标转矩指令，并具备闭环控制、安全保护等功能。

电机控制器内部集成了 DC/DC 变换器模块，将高压母线直流电转换成低压直流电，供给整车低压系统使用。其系统原理框图如图 5-4 所示。

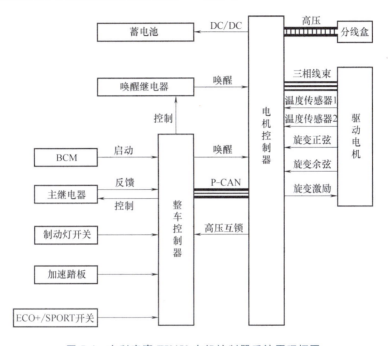

图 5-4　吉利帝豪 EV450 电机控制器系统原理框图

电机控制器内部包含 1 个 DC/AC 逆变器和 1 个 DC/DC 直流变换器，逆变器由 IGBT、直流母线电容、驱动和控制电路板等组成，其内部组件如图 5-5 和图 5-6 所示。可实现直流（可变的电压、电流）与交流（可变的电压、电流、频率）之间的转变。直流变换器由高低

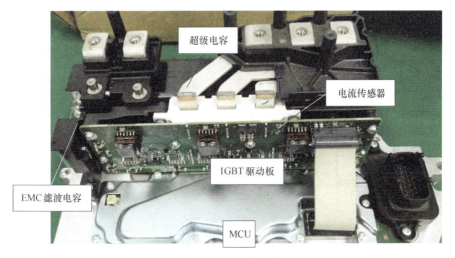

图 5-5　PEU 内部组件 1

压功率器件、变压器、电感、驱动和控制电路板等组成，实现直流高压向直流低压的能量传递。电机控制器还包含冷却器（通过冷却液），冷却器可给电子功率器件散热。PEU 的内部结构如图 5-7 所示，电机控制器结构原理如图 5-8 所示。

图 5-6　PEU 内部组件 2

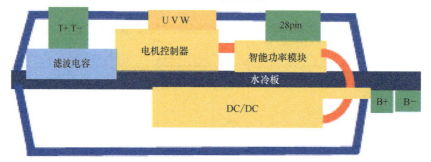

图 5-7　PEU 内部结构

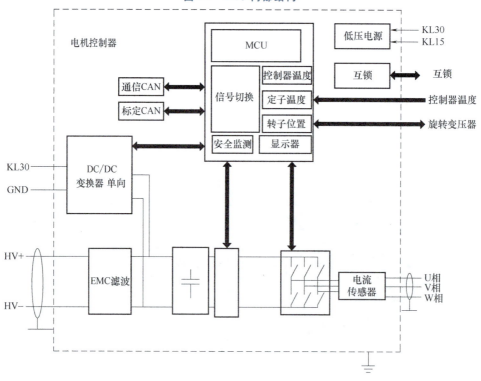

图 5-8　吉利帝豪 EV450 电机控制器结构原理图

任务实施

1. 任务方案制订

本次实训任务主要是完成纯电动汽车驱动电机控制器总成的拆卸与安装。查阅相关资料，制订吉利帝豪 EV450 纯电动汽车电机控制器总成的拆装工序。

2. 实施准备工作

1）高压安全防护装备：工服、绝缘手套、绝缘靴、安全帽、护目镜、高压安全警示牌、隔离带、绝缘垫、干粉灭火器。

2）车辆：吉利帝豪 EV450 纯电动汽车一辆。

3）工具及设备：举升机、绝缘工具组合套装、传统工具组合套装。

4）资料：吉利帝豪 EV450 维修手册、纯电动汽车检修学习工作页。

3. 详细操作步骤

（1）驱动电机控制器总成拆卸

① 打开前机舱盖。

② 断开蓄电池负极电缆。

③ 断开车载充电机处直流母线。

④ 拆卸电机控制器上盖。

拆卸电机控制器上盖 8 个螺栓，取下电机控制器上盖。

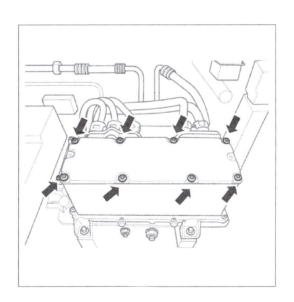

⑤ 拆卸电机控制器。

a. 拆卸驱动电机三相线束插接器（电机控制器侧）3 个固定螺栓 1。

b. 拆卸驱动电机三相线束端子（电机控制器侧）3 个固定螺栓 2，脱开三相线束。

c. 拆卸电机控制器高压线线束插接器（电机控制器侧）2 个固定螺栓 3。

d. 拆卸电机控制器高压线线束端子（电机控制器侧）2 个固定螺栓 4，脱开线束。

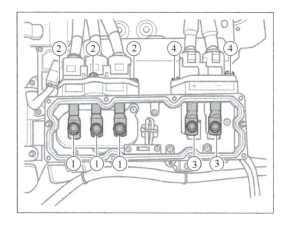

e. 取下电机控制器搭铁防尘盖。

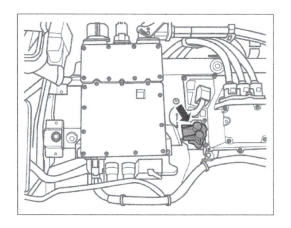

f. 断开电机控制器线束插头。

g. 拆卸电机控制器 2 根搭铁线束固定螺母，脱开搭铁线束。

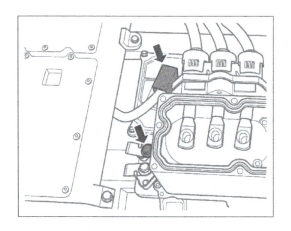

h. 脱开电机控制器进水管。

i. 脱开电机控制器出水管。

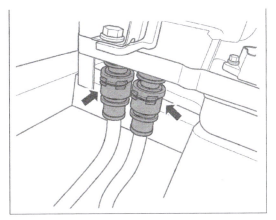

注意：水管脱开前，请在车辆底部放置容器，接住防冻液，以免污染地面。

j. 拆卸电机控制器4个固定螺栓，取下电机控制器总成。

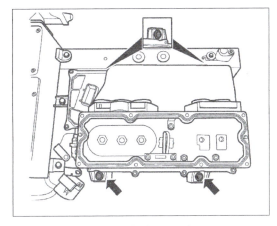

（2）驱动电机控制器总成的安装过程与拆卸过程相反

知识拓展

1. 比亚迪 e5 "四合一"高压电控总成的安装位置与接口

安装位置如图5-9所示，接口定义如图5-10所示，其说明见表5-2。

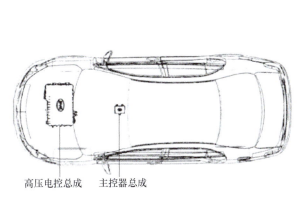

高压电控总成　主控器总成

图 5-9　高压电控总成在车辆上的安装位置

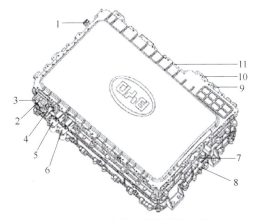

图 5-10　高压电控总成外部接口定义

表 5-2　高压电控总成外部接口说明

编号	部件	编号	部件
1	DC 直流输出接插件	7	64PIN 低压信号接插件
2	33PIN 低压信号接插件	8	入水管
3	高压输出空调压缩机接插件	9	交流输入 L2、L3 相
4	高压输出 PTC 接插件	10	交流输入 L1、N 相
5	动力电池正极母线	11	驱动电机三相输出接插件
6	动力电池负极母线		

高压电控总成外部接口特征如图 5-11~图 5-14 所示。

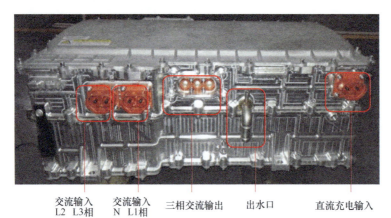

图 5-11　高压电控总成前方外部接口

DC　DC低压输出　　　　　　　　32A空调熔断器
DC低压输出端与低压电池并联给整车低压系统提供13.8V电源

图 5-12　高压电控总成左侧方外部接口

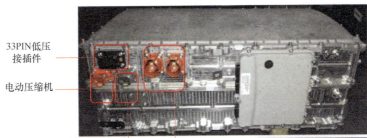

33PIN低压
接插件

电动压缩机

PTC　电池包高压直流输入

图 5-13　高压电控总成后方外部接口

64PIN低压接插件

进水口

图 5-14　高压电控总成右侧方外部接口

2. 比亚迪 e5 "四合一" 高压电控总成的结构组成

比亚迪 e5 高压电控总成，安装在车辆前舱中部。内部集成化程度高，分为上下两层。上层有 VTOG 模块、DC/DC 变换器模块和高压配电箱模块以及漏电传感器模块，车载充电机位于下层。此外，高压电控总成壳体内有冷却液道，通过水管连通外部散热系统，利用冷却液泵强制冷却液循环散热，对高压电控总成进行必要的冷却。

高压电控总成内部结构如图 5-15 和图 5-16 所示。

高压配电箱

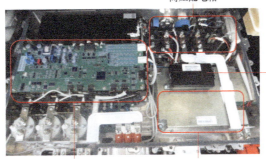

漏电
传感器

VTOG　　　　DC/DC

图 5-15　高压电控总成上层结构

高压电控总成的主要功能：

1）控制高压交/直流电双向逆变，驱动电机运转，实现充、放电功能（VTOG、车载充电机）。

2）实现将高压直流电转化为低压直流电，为整车低压电器系统供电（DC/DC）。

3）实现整车高压回路配电功能以及高压漏电检测功能（高压配电箱和漏电传感器模块）。

4）另外还包括 CAN 通信、故障处理记录、在线 CAN 烧写以及自检等功能。

图 5-16　高压电控总成下层结构

（1）双向交流逆变式电机控制器（VTOG）　VTOG 内部结构主要由控制模块（图 5-17、图 5-18）、IGBT 模块（图 5-19）、采样电路、1 个用于平波的薄膜电容（图 5-20）、DC 模块的电感及电容、3 个交流滤波电感、3 个交流滤波电容、主动泄放模块及主动泄放电阻（图 5-21、图 5-22）、预充电阻、霍尔式电流传感器、接触器等元器件构成。

图 5-17　VTOG 高压电控主板（正面）

图 5-18　VTOG 高压电控主板（背面）

图 5-19　IGBT 模块（左边三个为驱动用 IGBT，右边一个为快充用 IGBT）

图 5-20　薄膜电容

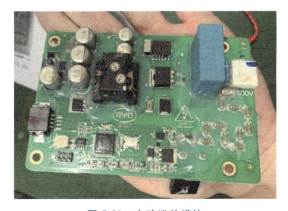

图 5-21　主动泄放模块

图 5-22　主动泄放电阻

VTOG 主要功能如图 5-23 所示，主要有：

1）放电控制：采集加速踏板、制动、档位、旋变信号等控制电机正向、反向驱动，正、反转发电功能；具有高压输出电压和电流控制限制功能，具有电压跌落、过电流、过温、IPM 过温、IGBT 过温保护、功率限制、转矩控制限制等功能。同时具备电控系统防盗、能量回馈控制、主动泄放、被动泄放控制功能。

注：智能功率模块（IPM）是 Intelligent Power Module 的缩写，是一种先进的功率开关器件，内部集成了逻辑、控制、检测和保护电路。

2）充电控制：交、直流转换，双向充、放电控制功能；自动识别单相、三相相序并根据充电电流控制充电方式，根据充电设备识别充电功率，控制充电方式；根据车辆或其他设备请求信号控制车辆对外放电；断电重启功能；在电网断电，再次供电的时候，可继续充电的功能。

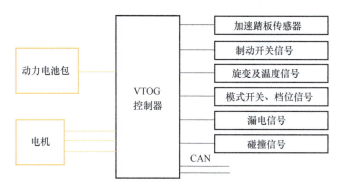

图 5-23　VTOG 主要功能

（2）高压配电箱　高压配电箱的主要功用是对来自动力电池包的总电源进行输出控制以及分配高压电至高压设备。比亚迪 e5 高压配电箱由导电镀锡铜排连接片、5 个高压接触器、2 个霍尔式电流传感器、预充电阻、动力电池组正负极母线输入端组成。如图 5-24 所示。

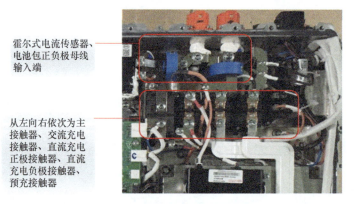

图 5-24　比亚迪 e5 高压配电箱

2 个霍尔式电流传感器分别安装在动力电池组正、负极母线输入铜排上。其中，安装在正极母线上的霍尔式电流传感器给电池管理系统（BMC）提供电流信息。安装在负极母线上的霍尔式电流传感器给 VTOG 提供电流信息。

五个高压接触器依次控制对应高压铜排线路的通断。从左向右分别为：主接触器、交流充电接触器、直流充电正极接触器、直流充电负极接触器、预充接触器。其中，主接触器是动力电池包正极母线输出控制开关。在 2017 款比亚迪 e5 中，动力电池包负极母线接触器位于动力电池包侧的负极母线输出端。动力电池管理系统（BMC）根据整车控制的需要，使相应的高压接触器闭合与断开，进行充放电控制。

（3）漏电传感器　高压电控总成内安装的漏电传感器及其监控原理如图 5-25 和图 5-26 所示。它是一个漏电监测模块，通过监测动力电池包正极输出母线对车身底盘之间的绝缘阻值来判断高压系统是否存在漏电。漏电传感器是在车辆上电和充电过程中监控高压系统的绝缘情况，并将结果通过 CAN 通信及硬线的形式反馈给电池管理系统（BMC）。BMC 根据相应的漏电及车辆运行情况，采取必要的安全保护措施，漏电数据判定及措施见表 5-3。

图 5-25　漏电传感器

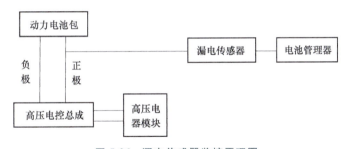

图 5-26　漏电传感器监控原理图

表 5-3　漏电数据判定及措施

高压回路正极或负极对车身的等效绝缘电阻值 R	漏电状态		措施
$R>500\Omega/V$	正常		无
$100\Omega/V<R\leqslant500\Omega/V$	一般漏电报警		仪表灯亮,报动力系统故障
$R\leqslant100\Omega/V$	严重漏电报警	行车中	仪表灯亮,断开主接触器、分压接触器、电池包内接触器和负极接触器
		停车中	1. 禁止上电 2. 仪表灯亮,报动力系统故障
		充电中	1. 断开交流充电接触器、分压接触器、电池包内接触器和负极接触器 2. 仪表灯亮,报动力系统故障

（4）DC/DC 变换器　新能源汽车没有传统汽车的 12V 发电机，故采用 DC/DC 变换器替代，DC/DC 变换器如图 5-27 所示。比亚迪 e5 的 DC/DC 变换器的高压输入来自动力电池组直流母线，其低压输出端与低压蓄电池的正极通过前舱正极熔丝盒并联。在车辆上电、充电及智能充电过程中 DC/DC 都会工作，将高压电池包的直流电转换成标称电压为 13.8V 的低压输出，对低压蓄电池进行充电或辅助低压蓄电池为整车用电设备供电，其工作原理如图 5-28 所示。

图 5-27　DC/DC 变换器

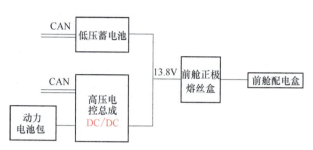

图 5-28　DC/DC 工作原理图

（5）车载充电机　车载充电机（OBC）安装在高压电控总成内，如图 5-29 所示。其功用是当车辆进行交流充电时，将充电口的 220V 交流电转换成高压直流电，为动力电池组充电，充电原理如图 5-30 所示。在比亚迪 e5 纯电动汽车上，并非所有车型都安装有车载充电机（OBC）。这是因为高压电控总成中的 VTOG 本身具备交流充电功能，VTOG 充电时，能自动识别单相、三相相序并根据充电电流控制充电方式。一般情况下，功率在 3.3kW 以内的单相交流充电都是通过 OBC 进行的，因为小功率充电时 OBC 的效率比 VTOG 要高。而功率大于 3.3kW 的交流充电（包括单相和三相）都是通过 VTOG 进行的。

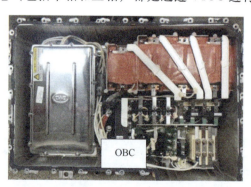

图 5-29　车载充电机（OBC）位置示意图

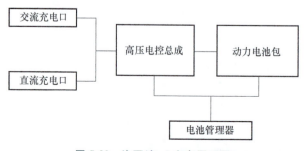

图 5-30　比亚迪 e5 充电原理图

任务 2　电机控制器性能检测

任务目标

1. 掌握驱动电机控制器 IGBT 模块的功用。
2. 掌握驱动电机控制器 IGBT 模块的工作原理。
3. 掌握驱动电机控制器 IGBT 模块的检测方法。

任务导入

电动汽车电机控制器逆变模块中的 IGBT，是驱动电机输出控制的核心部件。你知道为什么逆变模块能实现直流电与交流电的转换，并实现电机的输出控制吗？

知识链接

一、认识 IGBT

IGBT（Insulated Gate Bipolar Transistor）：绝缘栅双极晶体管，是新能源汽车电机控制器中逆变器的核心部件，IGBT 实物图如图 5-31 所示。绝缘栅双极型晶体管是复合全控型电压驱动功率开关器件，可实现电机电路的非通即断。它是一种功率半导体器件，由 BJT（双极晶体管）和 MOSFET（MOS 场效晶体管）组成。它具有输入阻抗高、工作速度快、通态电压低、阻断电压高、承受电流大等优点。

功率开关器件分为三种，分别是不可控型器件——二极管、半控型器件——晶闸管、全控型器件——IGBT。IGBT 模块指的是由 IGBT 芯片和 FWD（二极管芯片）通过特定的电路封装而成的模块。驱动电机控制器的逆变器又称智能功率模块（IPM），是以 IGBT 模块为核心，辅以驱动集成电路、主控集成电路来完成逆变工作。将电源的直流电转换成振幅、频率可调的三相交流电的过程就是逆变。

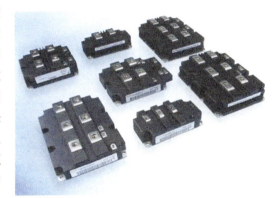

图 5-31　IGBT 实物图

二、IGBT 的结构原理

IGBT 内部结构及电路符号如图 5-32 和图 5-33 所示，上方 N^+ 区域称为源区，对应的电极称为发射极 E，P^+ 区域称为漏区，对应的电极称为集电极 C，IGBT 的控制脚为门极 G。

IGBT 等效电路如图 5-34 所示，IGBT 在电路中是一个耐高电压、可过大电流的开关，在 IGBT 的三个电极中，将集电极和发射极连接在需要控制的主电源通路中，门极连接控制模块输出脚。当控制单元输出高电平信号，门极上便加载了驱动电压，此时集电极和发射极之间就处于导通状态，主电源通路接通。当控制单元输出低电平信号，加载在门极上的驱动电压为 0V，此时集电极与发射极之间处于截止状态，主电源通路断开。其开关控制原理如图 5-35 所示。

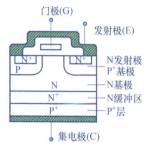

图 5-32　IGBT 内部结构

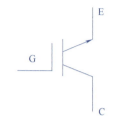

图 5-33　IGBT 电路符号

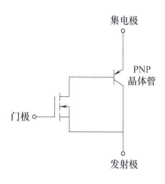

图 5-34　IGBT 等效电路

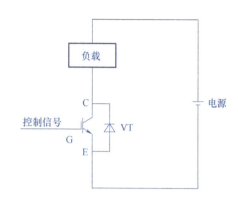

图 5-35　IGBT 开关控制原理

三、IGBT 在电机控制器中的应用原理

1. 逆变器的基本原理

MCU 中的逆变器接收来自动力电池组的直流电（图 5-36），将其逆变成三相正弦交流电给驱动电机三相绕组提供电能，进而产生旋转磁场。

正弦波和方波都是具有正负半波的交流脉冲信号，如图 5-37 所示，它们都是平均值为 0 的连续脉冲信号。而方波其实是正弦波的高度近似信号，实际上传统的逆变器都是将方波作为输出控制的。

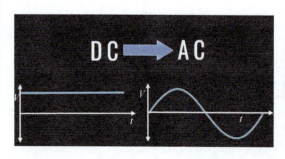

图 5-36　直流电转换为正弦交流电

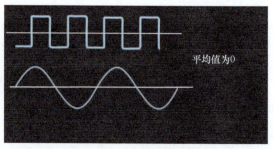

图 5-37　方波和正弦波

方波的产生原理如图 5-38 所示。该全桥逆变电路中有一个输入电压、一个负载（用线圈代替）和四个开关 $S_1 \sim S_4$。当开关 S_1 和 S_4 闭合，开关 S_2 和 S_3 断开时，电流流过负载线圈的方向如图 5-38 中 A 所示，此时产生正半波的方波脉冲信号。当开关 S_2 和 S_3 闭合，开关 S_1 和 S_4 断开时，如图 5-38 中 B 所示，流经负载线圈的电流方向相反，此时产生负半波的方波脉冲信号。这就是方波交流信号产生的基本原理。

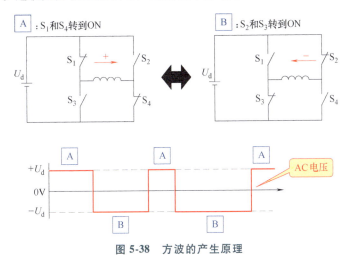

图 5-38　方波的产生原理

为了使近似的正弦波形更为平滑，车用 MCU 中的逆变器对开关通断频率的控制要求更高，为此，我们引入了可控的大功率半导体晶体管器件，如 IGBT。IGBT 每秒可通断上万次，接入控制信号后可以很方便地控制电路的通断，塑造正弦交流电输出的波形。

2. 逆变器的工作过程

电机控制器逆变器模块如图 5-39 所示，逆变器内部电路由 6 个 IGBT 组成，分别为 $VD_1 \sim VD_6$。其中与正极母线连接的 3 个 IGBT 为上桥臂，与负极母线连接的 3 个 IGBT 为下桥臂。电机三相绕组每相输出端分别与其中一个 IGBT 连接。

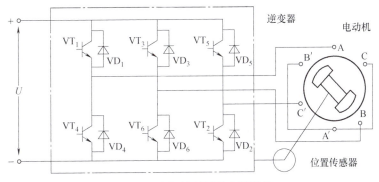

图 5-39　电机控制器逆变器模块

逆变器的 6 个 IGBT 按照 $VD_1 \sim VD_6$ 的顺序依次间隔 60° 导通或断开，工作时序图如图 5-40 所示。电机每相绕组通电工作需要导通上下桥臂中各一个 IGBT。正是由于 6 个 IGBT 相互间隔 60° 交替导通与断开，使得进入到每相绕组的电流方向得以发生改变，产生三组互隔 120° 相位角的正弦交流电。因而第一相 U_a 上桥臂的 IGBT 导通（或关断）时刻间隔 120°

后，即为第二相 U_b 上桥臂 IGBT 导通（或关断）时刻；第二相 U_b 上桥臂的 IGBT 导通（或关断）时刻间隔 120°后，即为第三相 U_c 上桥臂 IGBT 导通（或关断）时刻。产生的三相正弦交流电周期为 360°。由于输入到电机三相绕组的交流电大小和方向周期性变化，故产生一个旋转磁场驱动电机转子对外做功，实现直流电转换成交流电的目的。

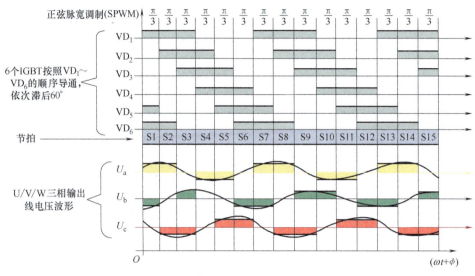

图 5-40　逆变器中 IGBT 工作时序图

3. MCU 变频调速基本工作原理

（1）频率与转速的关系　驱动电机转矩大小的改变是通过控制电流大小来完成的，而转速变化通常是通过改变进入定子绕组交流电的频率实现的，如图 5-41 所示。对于交流同步电机而言，转子的转速与定子绕组产生的旋转磁场的转速是一致的。根据电机定子旋转磁场转速公式 $n_0 = 60f_1/p$ 可以得知，旋转磁场的转速 n_0 取决于电流频率 f_1 和磁极对数 p。对于一台驱动电机而言，磁极对数 p 通常是一定的，所以通过改变电流频率 f_1，即可实现调速的目的。

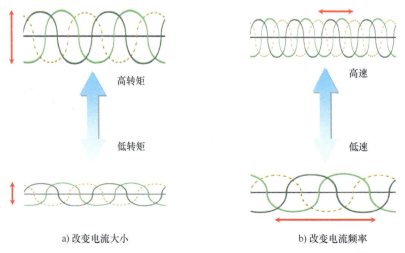

a) 改变电流大小　　　　　　b) 改变电流频率

图 5-41　电机转矩与频率控制

（2）PWM占空比控制　在MCU的逆变器中采用6大功率晶体管元件（如GTR、IGBT）构成主回路，由控制单元控制的基极驱动回路产生基极驱动信号PWM，使6个IGBT按间隔60°的顺序导通，在U、V、W三相输出端产生由矩形波构成的近似正弦波。输出的交流电频率取决于IGBT基极驱动信号的PWM占空比。

PWM（Pulse Width Modulation）占空比控制即脉冲宽度调制技术。通过对一系列脉冲的宽度进行调制，来等效地获得所需的波形（含形状和幅值）。PWM占空比控制方式如图5-42所示，维持周期 T_S 不变，改变导通时间 T_{on}。功率开关

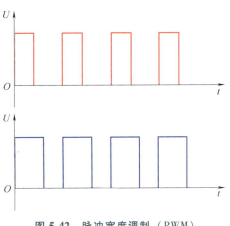

图 5-42　脉冲宽度调制（PWM）

导通的时间 T_{on} 占整个开关周期 T_S 之比即定义为占空比（Dutyration），用 D 表示，则 $D = T_{on}/T_S$。

由于 D 值总是小于或等于1，故输出电压总是小于或等于输入电压。因此改变占空比 D 就可以改变输出电压平均值的大小。

（3）变频调速原理　由以上知识我们可以得知，输入到驱动电机三相绕组的三相交流电是由PWM占空比信号控制输出的等效波形，它是由一系列等幅不等宽的脉冲方波组合来代替正弦波形。这里涉及一个PWM重要的控制理论，即面积等效原理：冲量相等而形状不同的窄脉冲加在具有惯性的环节上时，其效果基本相同。冲量指窄脉冲的面积，效果相同是指该PWM信号输出产生的等效波形基本相同。

将一个正弦半波波形分解为若干个周期相等、幅值不等的脉冲波形，如图5-43a所示。再用矩形脉冲波形代替，如图5-43b所示。图5-43b中的矩形方波幅值不变，两图脉冲序列的时间宽度 T 一致，波形中线重合，且对应的面积（冲量）相等。根据面积等效原理，图5-43b中的PWM波等效于图5-43a中的正弦半波。这种脉冲宽度按正弦规律变化而和正弦波等效的PWM波称为SPWM波。等效正弦波形的幅值改变需要按同一比例改变PWM信号的脉冲宽度（占空比）。故不同频率的等效正弦波形的输出取决于SPWM波形的脉宽调制。

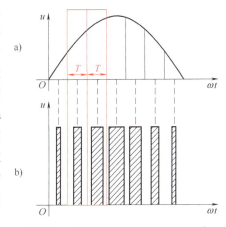

图 5-43　用 PWM 波形代替正弦半波

通过脉宽调制技术塑造正弦波形，实质上就是根据驱动电机输出的性能需求（图5-44），由控制器产生一系列不同脉冲宽度的直流脉冲，正弦波形幅值大的时刻，直流脉冲宽度也越大，即占空比 D 越大。

将图5-44中的直流脉冲信号等分成若干相同的时间宽度后可以发现，每个相同时间宽度的占空比不同，正弦波形实质上是由该时间宽度下的直流脉冲平均值所构成的方波组合波形，如图5-45所示。

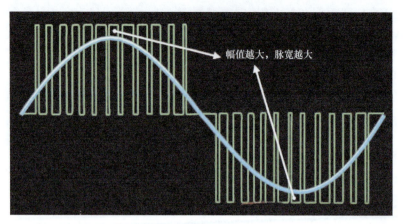

图 5-44　正弦波形的形成

　　MCU 中的 IPM 控制模块需要控制直流脉冲输出的时间宽度，直流脉冲输出的时间宽度越小，被处理后的波形就越接近于正弦波，如图 5-46 所示。

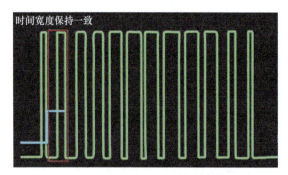

图 5-45　直流脉冲平均值构成的方波组合波形

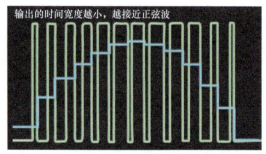

图 5-46　直流脉冲方波组合输出波形

　　开关元件的通断能力必须达到控制要求。为了让产生的波形更为平滑，逆变器中采用了电感和电容进行滤波。其中电感用来平滑电流曲线，电容用来平滑电压曲线，如图 5-47 所示。

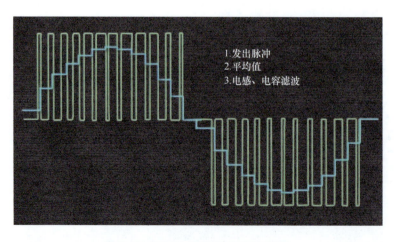

图 5-47　近似正弦交流电波形示意图

因此，IGBT 导通频率的改变，可以控制电机转速的变化。又因为占空比 D 的变化，导致输出电压的有效值也在变化。通常驱动电机的输出功率是不变的，这就要求输出电压不能随着电机转速的变化而变化，必须保持稳定。此时 MCU 通过监控电压传感器及电流传感器的数据，计算出电机实际功率，并通过可变电压控制系统调整输出电压。可变电压控制系统通常以电感器、电容器和全控型大功率半导体开关为主，辅以温度、过电流、过电压监控等功能的 IPM 模块构成。

任务实施

1. 任务方案制订

分组查阅相关资料，学习晶闸管、IGBT 管的工作原理，检测晶闸管、IGBT 管，制作晶闸管电路，验证其工作特性，并制订任务方案。

2. 实施准备工作

6V 电源 1 个，3V 电源 1 个，常开开关 1 个，信号灯 1 个，可调电阻 1 个，晶闸管 1 个，IGBT 管一个，面包板 1 块。

3. 详细操作步骤

1）检测并判断晶闸管、IGBT 管的极性。

名称		极性判断	好坏判断	检测情况
晶闸管	阳极A 门极G 阴极K	采用数字式万用表蜂鸣档，两两极间进行检测，导通时，红表笔的一端为门极 G，黑表笔的一端为阴极 K。剩下的一端则为阳极 A	采用数字式万用表蜂鸣档检测，红表笔接阳极 A，黑表笔接阴极 K，此时应不导通；在门极 G 加触发信号，此时若导通，可以判定晶闸管是好的	极性判断： □是　□否 好坏判断： □是　□否
IGBT 管	G C E	采用数字式万用表的电阻档，两两极间进行检测，如果某一脚与其他两脚之间的电阻值均为无穷大，对换表笔再测量仍是无穷大，则该引脚为栅极 G。对剩下的两引脚进行测量，测得的电阻值较小时，红表笔的引脚为集电极 E，黑表笔的引脚为发射极 C	采用数字式万用表的电阻档，黑表笔接集电极 E，红表笔接发射极 C，此时电阻值应为无穷大。同时，栅极 G 接电源正极，集电极 C 接电源负极，这时 IGBT 被触发导通，万用表阻值显示较小值。然后栅极 G 接电源负极和发射极接电源正极，这时 IGBT 被阻断，电阻显示无穷大。经检测，若以上现象均符合，则可以判定 IGBT 是好的	极性判断： □是　□否 好坏判断： □是　□否

注：在检测前，需把 IGBT 管的三个引脚进行短路放电后再进行检测，以保证检测结果的准确性。

2）根据所提供的元件制作晶闸管电路，完成晶闸管的工作特性实验。

任务	晶闸管的工作特性实验
元件准备	6V 电源 1 个，3V 电源 1 个，常开开关 1 个，信号灯 1 个，可调电阻 1 个，晶闸管 1 个，面包板 1 块
功能要求	在晶闸管的两端加正向工作电压，信号灯不亮；当给门极触发信号时，晶闸管导通，信号灯亮；断开门极信号后，信号灯仍亮着；断开晶闸管正向电压时，信号灯才熄灭
电路图	
实物图	

	电路图	操作	灯光变化	特性
实验过程		SA 开路或 SA 闭合，R 调到最大值		□正向阻断 □可控导通 □持续导通 □反向阻断
		SA 闭合，R 调到较小值		□正向阻断 □可控导通 □持续导通 □反向阻断
		SA 闭合，R 调到较小值，然后再断开 SA		□正向阻断 □可控导通 □持续导通 □反向阻断
		晶闸管 A、K 两端接入反向电压，闭合开关 SA，R 调至较小值		□正向阻断 □可控导通 □持续导通 □反向阻断

（续）

任务	晶闸管的工作特性实验
总结	1. 晶闸管的导通条件 2. 对于实验中遇到的困难,应如何解决
完成情况	是 □ 否 □　原因:

任务 3　认知电机能量回收系统

任务目标

1. 掌握驱动电机能量回收系统的定义与作用。
2. 掌握驱动电机能量回收系统的组成与工作原理。
3. 掌握驱动电机能量回收系统的控制策略。

任务导入

某 4S 店销售实习生小王接待了一名到店的意向客户,客户听了电动汽车能量回收功能后很感兴趣,想了解能量回收方面的相关功能。如果你是小王,该如何向客户介绍呢?

知识链接

一、电动汽车能量回收系统的定义与作用

1. 能量回收系统的定义

能量回收系统也称为"制动能量回收系统"或"再生制动系统",如图 5-48 所示。主要指的是在特定的条件下,电动汽车在减速滑行或者制动过程中,电机由驱动状态转变为发电状态,将汽车车轮的动能转换成电能并储存起来(如动力电池、超级电容等),实现能量的回收利用,增加续驶里程。同时可施加电机反馈转矩于传动轴,从而对车辆进行制动。

2. 能量回收系统的作用

续驶里程是制约电动汽车发展的主要因素之一。有关研究表明,汽车在复杂的城市工况下,有 30%～50% 的运行能量被消耗在制动过程中,而采用了制动能量回收系统的电动汽车续驶里程可延长 10%～30%。

因此,对电动汽车的制动能量进行回收的意义如下:

1)增加电动汽车续驶里程。

2)能量回收过程中的辅助制动力

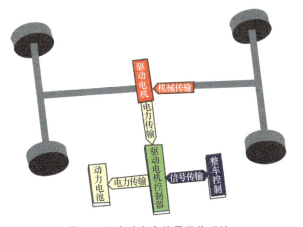

图 5-48　电动汽车能量回收系统

125

矩可以减轻常规制动系统的磨损及热负荷，延长使用寿命，提高车辆安全性和可靠性。

3）改善整车动力学的控制性能。

二、电动汽车能量回收系统的控制策

电动汽车的制动系统由传统液压制动系统和电机制动系统两部分组成，制动过程一般是电机制动和液压制动相结合的过程。对于前轮驱动的电动汽车，前轮制动力来源于电机制动和液压制动，后轮一般仅采用液压制动。在制动过程中，车辆产生的动能通过车轮作用于电机，电机转变为发电状态，通过电能转换装置（逆变器）给储能装置充电，从而将部分制动能量转化为电能储存起来，实现能量的循环利用。同时，电机在发电过程中加载了较大阻力矩，通过传动机构作用于车轮，产生电机制动力矩，起到车辆减速的作用。电动汽车总制动力矩等于电机制动力矩与液压制动力矩之和，其比例关系如图 5-49 所示。

制动能量回收系统的控制就是合理地分配电机制动力矩和液压制动力矩的大小，尽可能地回收制动能量。然而能量的回收受很多因素的影响，如制动稳定性、能量回收率、制动踏板平稳性以及复合制动协调性等问题，故在整个回收控制的过程中需要满足这些约束条件。

电动汽车能量回收的约束条件主要包括以下几个方面。

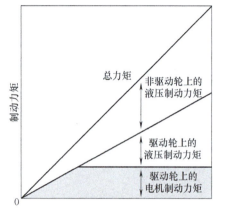

图 5-49　电机制动力矩与液压制动力矩的分配比例关系

1. 车辆行驶工况

车辆制动系统要适应不同的道路环境工作，其制动力的大小和频率不一样，从而使制动能量回收程度不同。一般车辆减速制动分为以下三种形式，制动能量回收系统根据不同的情况制订回收方案：

（1）紧急制动　在车辆实施紧急制动过程中，考虑到制动安全性以及制动时间很短，应当以液压制动为主，电机制动为辅，在此过程中能量回收量较少。

（2）常规制动　车辆正常行驶过程中的减速制动频率较高，应当尽可能地在这个阶段让制动能量回收系统发挥最大效能。再生能量回收系统应当协调好电机制动力和液压制动力分配的关系，使得能量回收最大化。

（3）滑行制动　车辆处于长距离滑行状态时，制动力需求较小，该阶段的制动可由电机制动提供，故可对该阶段的能量加以回收。

2. 储能装置

电动汽车储能装置一般为动力电池组，电池的充电过程受到剩余电量 SOC、电池温度以及充电电流大小等因素的限制，故制动能量回收系统需要兼顾电池特性。

3. 电机因素

电机制动强度的大小受限于电机发电的功率和转速，同时也限制了车辆最大能量回收利用率。

4. 驱动形式及制动力分配

电机制动力矩只作用于与驱动电机有机械联系的驱动轮，故在能量回收过程中，前轮驱动的车辆具有明显的优势，这是因为车辆在制动过程中前轴负荷较后轴大。此外，制动能量回收系统需要调节好前后轮制动力的分配关系，以便更好地发挥能量回收效能。

三、电动汽车能量回收系统的组成及工作原理

下面以帝豪 EV450 纯电动汽车电机制动的控制过程为例，阐述能量回收系统的主要组成及工作原理。

帝豪 EV450 纯电动汽车制动系统结构如图 5-50 所示。在运行过程中，只要松开加速踏板，同时满足再生能量回收的必要条件，电机能量回收系统便开始工作。值得注意的是，制动踏板位置传感器的信号并非纯电动汽车再生能量回收控制的必需信号，只是制动的过程可能会影响电机最大能量回收量。

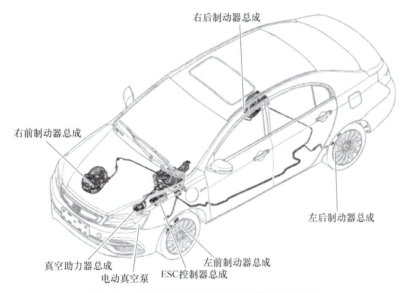

图 5-50　帝豪 EV450 纯电动汽车制动系统结构

1. 影响能量回收的限制条件

1）动力电池组温度低于 5℃时，能量不回收。

2）动力电池单体电压在 4.05～4.12V 之间时，能量回收 6.1kW，单体电压值超过 4.12V 时，能量不回收。

3）动力电池单体电压低于 4.05V，SOC 大于 95%，车速低于 30km/h 时能量不回收。

4）档位处于 R 位或 N 位时，能量不回收。

5）车辆出现绝缘故障时，能量不回收。

6）当 ABS 被激活时，能量不回收。

7）MCU 故障时，能量不回收。

2. 能量回收系统的结构及工作原理

比亚迪 e5 纯电动汽车能量回收系统工作原理如图 5-51 所示。

能量回收首先要满足 BMS 对动力电池包充电的控制条件，BMS 根据动力电池包当前的单体电压、温度以及 SOC 等计算允许输入的最大充电电流的大小，通过 CAN 总线与 MCU 通信。MCU 根据 BMS 输出的最大充电电流控制指令，通过逆变器模块中的大功率半导体元件 IGBT 施加反向电流，限制驱动电机的定子旋转磁场速度，达到控制最大充电电流的目

的。同时，在此过程中驱动电机反馈至驱动轮的最大制动转矩也随之变化。

当 VCU 检测到驾驶人松开加速踏板，车辆处于滑行状态且不处于能量回收功能限制区间时，VCU 激活能量回收功能。VCU 根据目前车辆行驶情况，计算出最大能量回收量，通过 CAN 总线将计算结果传递至 MCU，MCU 通过控制驱动电机工作状态控制能量回收。最大能量回收所产生的电机制动转矩以 1.6m/s^2 的减速度对车辆进行制动。

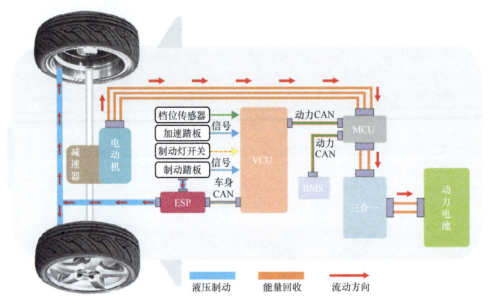

图 5-51　比亚迪 e5 纯电动汽车能量回收系统工作原理

当驾驶人踩下制动踏板，VCU 接收到制动信号，车辆不处于能量回收功能限制区间时，VCU 激活制动能量回收功能。此时，VCU 通过车辆减速状态计算最大能量回收量，同时通过 CAN 总线接收来自车身动态稳定控制系统（ESP）的通信信号，及时调整驱动电机制动力矩与液压制动力矩之间的比例分配关系，确保在制动安全的前提条件下，实现能量回收最大化，这部分功能也叫作电机阻力矩控制。

与传统汽车一样，当踩下纯电动汽车制动踏板时，通过双回路液压制动系统实现车辆机械制动减速功能。车身动态稳定系统（ESP）根据车辆减速状态，确定车辆总体制动力矩的大小，及时调整前后桥制动力矩分配以及保证制动时车辆的稳定性。故驱动电机能量回收系统需要和 ESP 系统相互协调，在保证车辆安全、舒适的前提下实现能量回收。

3. 电机控制器能量回收

无刷直流电机能量回馈制动过程中，控制驱动器使电流方向与正向运行时相反，便会产生制动性质的转矩。当产生的电压高于蓄电池电压时，可以将电流回馈至蓄电池，达到能量回馈的目的。

电机能量回馈制动时会有两种情况：一是制动初期电机转速高，产生的电动势高于蓄电池电压，采用三相整流回馈方式；二是电机转速低，产生的电动势低于蓄电池电压，采用斩波升压回馈方式。

在回馈控制阶段，将上桥臂的功率管关断，根据位置传感器的信号对下桥臂的功率管的通断进行有规律的 PWM 控制，可以起到与 Boost 变换器相同的效果。与 Boost 变换器的工作过程类似，在一个 PWM 开关周期内，电机的能量回馈控制过程也可以分为两个阶段。

（1）续流阶段　在续流阶段，无刷电机直流的电流流向 VT_2，VT_2 导通为电流提供续流通道，如图 5-52 所示。在此阶段电能将存储于三相绕组的电感中。

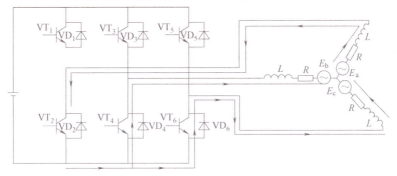

图 5-52　电机控制器能量回收续流阶段

（2）回馈阶段　VT_2 关断期间，在反电动势与三相绕组寄生电感的共同作用下，之前存储于三相绕组之内的能量与反电动势一起向蓄电池共同回馈能量。在此阶段，无刷直流电机的电流流向如图 5-53 所示，VT_2 关断，电流经 VD_1，回馈至动力电池，同样存在通过 VD_4 和 VD_6 流向 B 相和 C 相的电流通路。

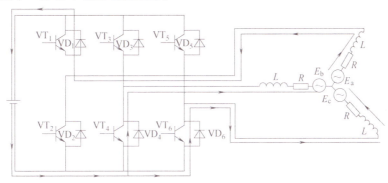

图 5-53　电机控制器能量回馈阶段

（3）三相电机能量回收整流过程　电动汽车电机能量回收时，一个周期的三相交流电转换为具有六个脉冲波形的直流电的过程如图 5-54 所示。

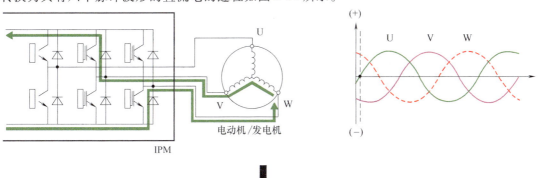

图 5-54　三相交流电转换为直流电的过程

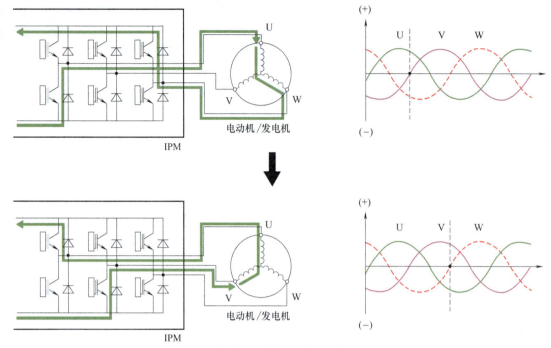

图 5-54　三相交流电转换为直流电的过程（续）

任务实施

1. 任务方案制订

本次实训任务主要是完成纯电动汽车驱动电机控制器总成的检修。查阅相关资料，制订吉利帝豪 EV450 纯电动汽车电机控制器的检修步骤。

2. 实施准备工作

1）高压安全防护装备：工服、绝缘手套、绝缘靴、安全帽、护目镜、高压安全警示牌、隔离带、绝缘垫、干粉灭火器。

2）车辆：吉利帝豪 EV450 或其他纯电动汽车一辆。

3）工具及设备：举升机、绝缘工具组合套装、传统工具组合套装、万用表。

4）资料：吉利帝豪 EV450 维修手册、纯电动汽车检修学习工作页。

电机控制器二极管压降测量

3. 详细操作步骤

步骤与图示	方法与结果	备注
①对车辆执行高压安全下电操作 	是否完成 □完成 □未完成 原因：	

（续）

步骤与图示	方法与结果	备注
②拆下驱动电机控制器上盖固定螺栓 	是否完成 □完成 □未完成 原因：	
③使用万用表测量分线盒直流母线正负极电压，确认高压电容放电完毕	是否完成 □完成 □未完成 原因：	注意：单手操作
④拆卸正负极母线、三相高压线束固定螺栓，脱开分线盒高压母线 	是否完成 □完成 □未完成 原因：	
⑤将万用表选择至二极管档位 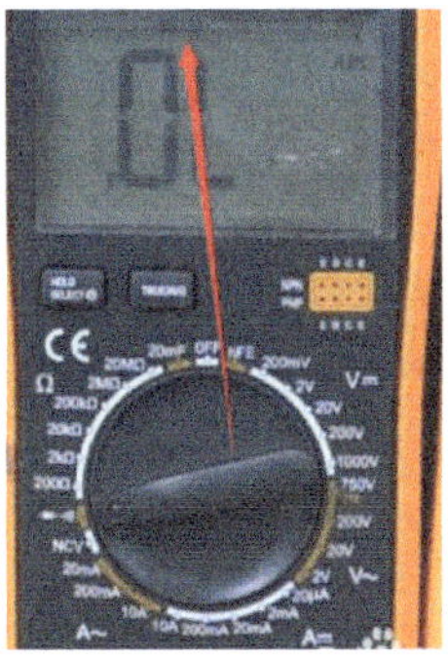	是否完成 □完成 □未完成 原因：	注意：测量前先校零
⑥按照表格所示测量电机控制器各端子并记录	是否完成 □完成 □未完成 原因： 是否正常 □正常 □不正常	

表格（步骤⑥）：

		黑表笔				
		T+	T−	U	V	W
红表笔	T+					
	T−					
	U					
	V					
	W					

项目六

电机控制系统检修

情境描述

驱动电机控制系统是新能源汽车动力系统的核心（电池、电机、电控）之一，肩负着能量转换的任务。目前以比亚迪为代表的新能源汽车生产厂商的驱动电机控制系统集成化程度越来越高，新技术也不断应用于电机控制系统中，使得电机控制系统的功能越来越完善。电机控制系统集成化程度的提高以及新技术的不断运用，势必会提高电机控制系统在车辆中的应用。本项目对常见电机控制系统的故障排除进行介绍。

情境目标

1. 能够正确识读电机控制系统电路图。
2. 具备一定的电机控制系统故障诊断能力。
3. 能够正确使用相关工量具对电机控制系统进行信号检测与判断。

任务1　检修驱动电机绝缘故障

任务目标

1. 具备资料查询、收集和整理的能力。
2. 能够正确使用绝缘测试仪。
3. 能够对驱动电机及控制器进行绝缘检测。

任务导入

吉利4S店维修技师小王今天接了一台帝豪EV450纯电动汽车。车辆无法起动，仪表动力系统故障指示灯点亮，故障诊断仪报车辆绝缘故障。如果你是小王，你该如何诊断并排除这个故障呢？

一、确认车辆故障现象

车辆可运行"READY"指示灯不亮，无法上高压电，车辆无法行驶，蓄电池故障指示灯点亮，动力电池故障指示灯点亮，如图 6-1 所示。

图 6-1　车辆故障现象

二、读取故障码

使用故障诊断仪读取车辆故障码。故障码为：P21F02A 高压继电器闭合的前提下，绝缘故障（最严重）。说明高压系统存在漏电故障。

三、新能源汽车绝缘检测原理

1. 绝缘相关概念

（1）什么是绝缘　工程上一般意义的绝缘是指，为了隔离人、其他带电或者不带电结构，在带电器件表面包裹一层不导电物质的做法。不导电的物质称为绝缘材料。

（2）绝缘电阻　绝缘介质所具有的电阻值，是衡量介质绝缘性能好坏的物理量，在常见的测量方式中，则表现为带电器件与壳体、大地等参考平台之间的电阻值，由于数值较大，单位常用"MΩ"表示。

（3）漏电流　考虑电气系统绝缘性能时，漏电流是指系统内流过绝缘材料表面的电流，数值越大，说明系统绝缘性能越差，一般单位为"mA"。

比较不同绝缘材料或者系统绝缘能力的高低时的参数有：绝缘电阻、漏电流，一般用于表示绝缘测试结果。

采用电动汽车绝缘检测仪实时监测电动车辆高压系统对车辆的电气绝缘性能，确保车辆在绝缘状态下运行，对保证乘客人身安全、电气设备正常工作以及车辆安全运行具有重要意义。

2. 电气绝缘失效的危害

电动汽车与传统汽车相比，电子电气系统的比例大大增加。并且，电动汽车的动力系统往往是几百伏的电压，是传统汽车上未使用过的高压系统，因此电气绝缘是电动汽车高压安全的重要项目。根据相关标准中对人体安全电流的要求，GB 18384—2020《电动汽车安全要求》中规定，绝缘电阻的最低要求：直流 100Ω/V，交流 500Ω/V。

电气系统如果出现绝缘失效，程度不同，会造成不同的后果。系统中只有一个点绝缘出现故障，暂时对系统不会产生明显影响；出现多点绝缘失效，则漏电流会在两点之间流转，在附近材料上积累热量，可能会引发火灾。同时，影响电器的正常工作，最严重的情形，可能发生人员触电。当然，汽车的电气系统都在底盘等乘车人员一般无法触及的地方，最可能遇到触电危险的，可能是生产和维修人员。

　　电气系统绝缘失效的常见原因，除了设计和制造问题以外，一般包括热老化，光老化，低温环境下的材料脆裂，固定不当引起的摩擦损伤等。

3. 电动汽车上的电气系统

　　电动汽车高压系统的电源是动力电池包。系统中的负载电气包括电机及电机控制器，空调、转向助力、制动助力等。

　　吉利帝豪 EV450 高压系统的连接如图 6-2 所示。在绝缘监测系统中，电动汽车上的电气系统按照电源和负载划分成两部分，绝缘阻值分别测量计算。

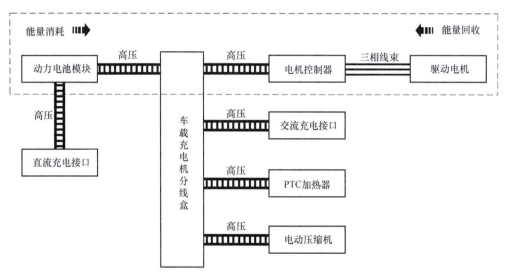

图 6-2　吉利帝豪 EV450 高压系统的连接

4. 动力电池包对地绝缘检测方法

　　动力电池包是有源系统，测量绝缘电阻的过程中，可以利用自身的电源。而普通的材料绝缘电阻的测量，则需要借助测量仪器的电源进行。

　　动力电池系统的绝缘电阻测量，主要有两类方法。一类是交流信号注入法，如图 6-3 所示。另一类是外接电阻法，如图 6-4 所示。交流信号注入法，是指给动力电池正负极之间注

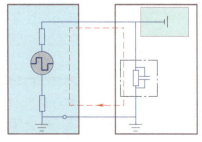

图 6-3　交流信号注入法

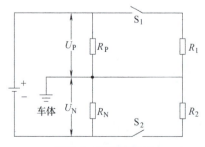

图 6-4　外接电阻法

入一定频率的低压交流信号，通过测量系统反馈，获得系统的绝缘电阻。缺点是测试信号在系统中形成波纹干扰，影响系统正常工作。

外接电阻法，是在正负极之间接入一系列电阻，利用在电路中设置开关的通断，可以获得两个状态下电阻上的电压值，通过列出电路状态方程，两个方程联立解出动力电池正极对地和负极对地的电阻值，判断电池正负极对地绝缘情况。下面是4种外接电阻测量方法。

（1）方法1　方法1如图6-5所示，对称接入电路两组电阻，其中 R_1、R_2、R_3、R_4 为500kΩ 大电阻，R 和 R' 是200Ω 小电阻。通过开关 S 的闭合和断开，调整 R_1 的接入和切出，两次测量电池包正负极对地电压值。按照基尔霍夫定律，列出两次电路的方程，联立求解，求出电池包正负极对地的电阻。

（2）方法2　方法2与方法1思路类似，如图6-6所示。只是电阻的具体接法不同，且端电压测量的是外接电阻两端电压。同样可以根据开关 S 通和断两种情况，列出两次电路的方程，求解电池包正负极对地电阻值。

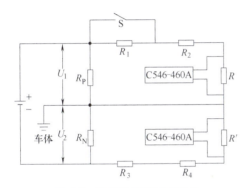

图6-5　外接电阻测量方法1

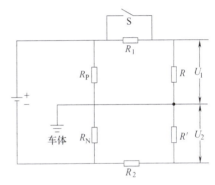

图6-6　外接电阻测量方法2

（3）方法3　方法3如图6-7所示。状态1，断开开关 S_1、S_2，用电压表测量正负极对地电压；状态2，开关设置在外接小电阻电路上，闭合 S_1 断开 S_2，再次测量正极对地和负极对地电压。这种方法，是当前被讨论最多的一种。

（4）方法4　方法4如图6-8所示。先分别测量电池包正负极端子对同一个电压平台的电压；比较测得的电压，选取电压值较小的那一侧，并联一个已知阻值的电阻 R_0；再次分别测量正负极端子对电压平台的电压；由此可以计算出电池包正负极中对电压平台电阻较小一侧的电阻值。

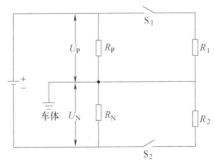

图6-7　外接电阻测量方法3

四、高压负载的绝缘性能检测

高压负载的绝缘性能包含两个部分，一部分是高压负载对电气平台的绝缘性能，另一部分是高压负载对低压电路的绝缘性能。为了避免不相干因素的影响，测量时需要遵守如下原则：

1）确保与动力电池电源处于断开状态。

2）断开电路中所有电源、辅助电源。

3）测量点应全面覆盖所有外壳、框架。

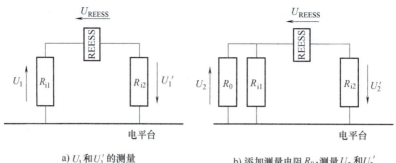

a) U_1 和 U_1' 的测量　　　　b) 添加测量电阻 R_0，测量 U_2 和 U_2'

图 6-8　外接电阻测量方法 4

4）确保全部待测高压负载导电件连接完整。

高压负载的绝缘测量方法是在高压负载的端子与车辆地之间或者高压端子与低压电路之间施加较高直流电压，检测两部分之间的漏电流，进而计算出绝缘电阻。绝缘检测原理如图 6-9 所示。

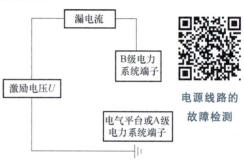

电源线路的故障检测

五、吉利帝豪 EV450 电机控制系统绝缘检测流程

图 6-9　绝缘检测原理

电机控制系统高压电路分析：纯电动汽车

电机控制系统高压回路出现绝缘故障，车辆会第一时间报警并输出故障码。绝缘监控回路会检测车辆高压回路与车身之间的绝缘阻值并判断是否存在漏电风险。高压绝缘部件必须具备极高的绝缘电阻值，一般要达到兆欧级别。当绝缘监控回路检测的绝缘阻值低于某一限值时（不同车型阈值不同），纯电动汽车控制策略会采取如限功率、切断高压电等安全保护措施，以确保人员及车辆安全。绝缘监控一般包括以下两个方面：

1）高压直流电对地绝缘电阻值。

2）高压交流电对地绝缘电阻值。

吉利帝豪 EV450 纯电动汽车驱动电机控制系统高压回路如图 6-10 所示。动力电池包高

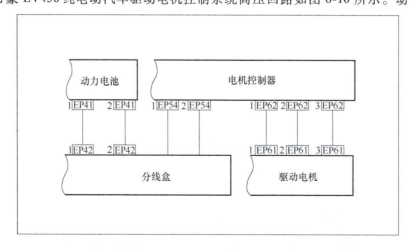

图 6-10　吉利帝豪 EV450 纯电动汽车驱动电机控制系统高压回路

压正负极直流母线通过 EP42 高压线束插接器连接分线盒，将高压直流电通过 EP54 高压线束插接器输送至电机控制器。高压直流电通过电机控制器内部逆变器电路逆变成三相交流电，通过 EP62 高压线束插接器输出至驱动电机三相绕组 U/V/W。

任务实施

测量电机绕组
对地绝缘

1. 任务方案制订

本次实训任务主要是完成纯电动汽车驱动电机控制器总成的检修。查阅相关资料，制订吉利帝豪 EV450 纯电动汽车电机控制器检修步骤。

2. 实施准备工作

1）高压安全防护装备：工服、绝缘手套、绝缘靴、安全帽、护目镜、高压安全警示牌、隔离带、绝缘垫、干粉灭火器。

2）车辆：吉利帝豪 EV450 或其他纯电动汽车一辆。

3）工具及设备：举升机、绝缘工具组合套装、传统工具组合套装、绝缘测试仪、万用表。

4）资料：吉利帝豪 EV450 维修手册、纯电动汽车检修学习工作页。

3. 详细操作步骤

步骤与图示	方法与结果	备注
①对车辆执行高压安全下电操作 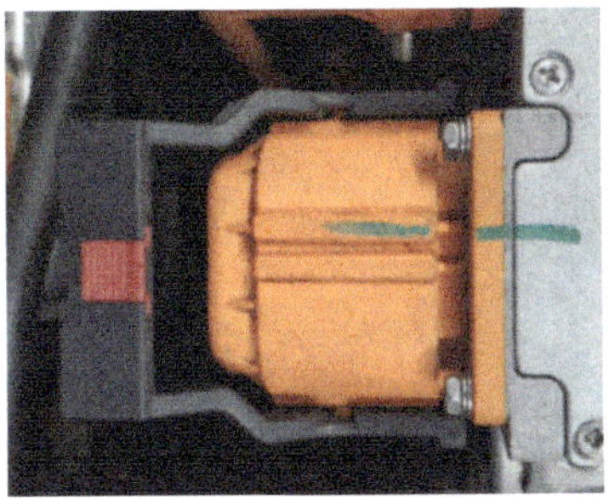	是否完成 □完成 □未完成 原因：	
②拆下驱动电机控制器上盖固定螺栓 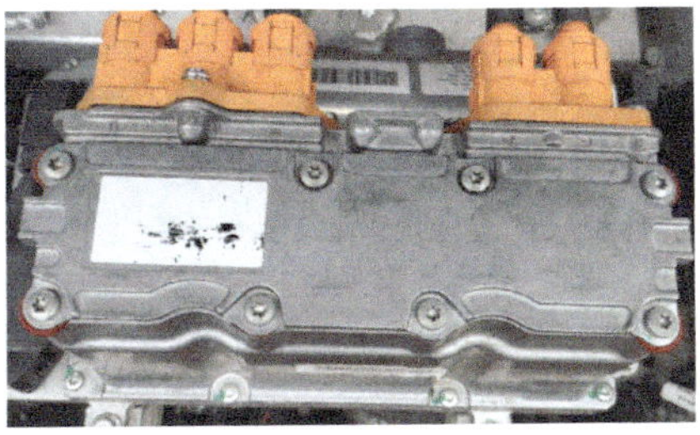	是否完成 □完成 □未完成 原因：	

（续）

步骤与图示	方法与结果	备注
③使用万用表测量分线盒直流母线正负极电压,确认高压电容放电完毕 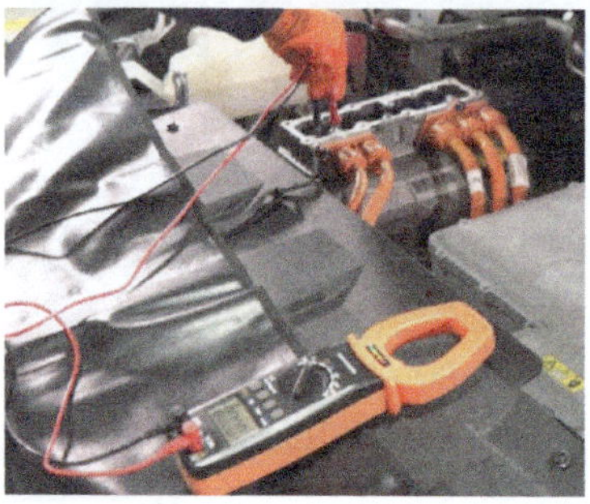 	是否完成 □完成 □未完成 原因:	注意:单手操作
④拆卸正负极母线、三相高压线束固定螺栓,脱开分线盒高压母线  	是否完成 □完成 □未完成 原因:	
⑤测量电机控制器高压直流输入端母线绝缘电阻值并记录 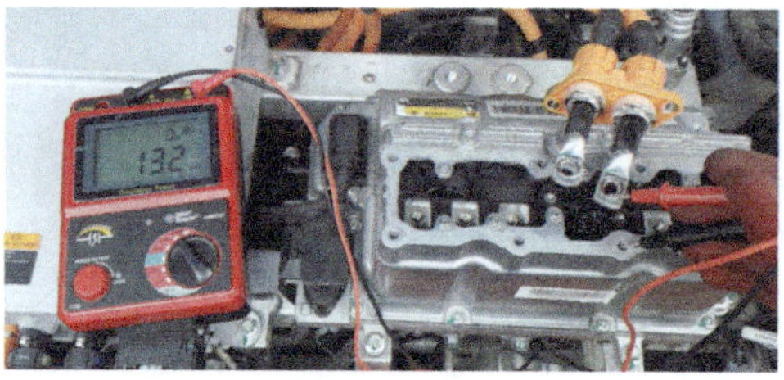 	是否完成 □完成 □未完成 绝缘电阻值: T+: T−: 是否正常 □正常 □不正常	注意:测量前先校表 标准绝缘电阻值为≥20MΩ
⑥测量电机控制器输出端U/V/W线束绝缘电阻值并记录 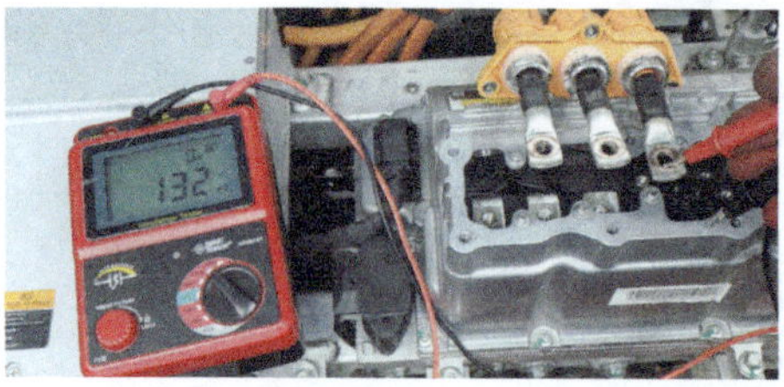 	是否完成 □完成 □未完成 绝缘电阻值: U: V: W: 是否正常 □正常 □不正常	标准绝缘电阻值为≥20MΩ

（续）

步骤与图示	方法与结果	备注
⑦测量电机控制器 T+/T-绝缘电阻值 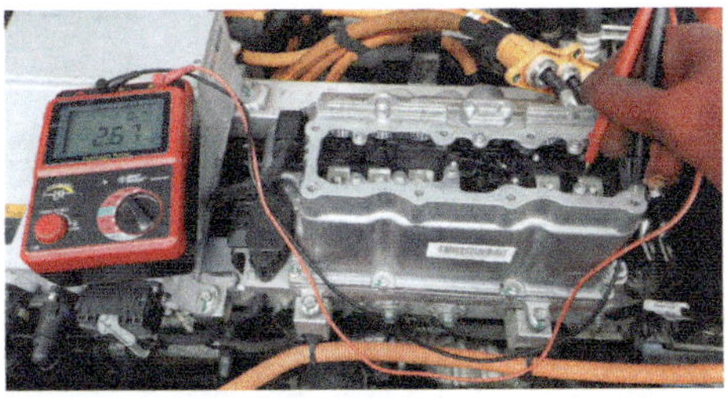	是否完成 □完成 □未完成 绝缘电阻值： T+： T-： 是否正常 □正常 □不正常	标准绝缘电阻值为≥2MΩ
⑧测量电机控制器 U/V/W 绝缘电阻值 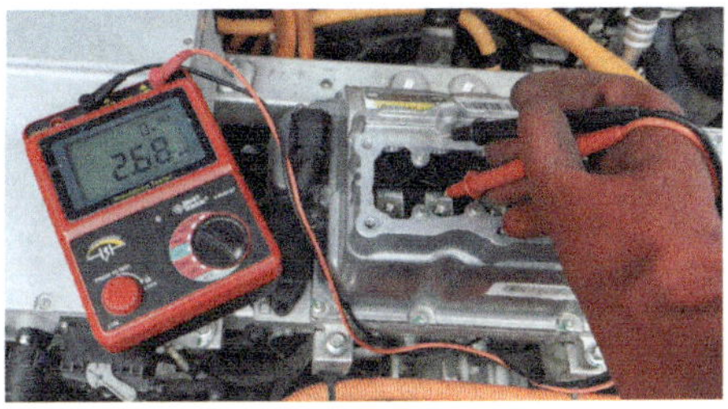	是否完成 □完成 □未完成 绝缘电阻值： U： V： W： 是否正常 □正常 □不正常	
⑨对照标准电阻值,判断电机三相绕组绝缘性能是否正常。如不正常,则绝缘故障可能由三相高压线束或驱动电机三相绕组引起。此时需断开 EP61 高压线束插接器,在驱动电机三相线束输入端重新测量三相绕组电阻值,以便进一步判断	故障点：	
⑩排除故障,恢复车辆,清除故障码	是否正常 □正常 □不正常	

任务 2　检修电机旋变信号的故障

任务目标

1. 具备资料查询、收集和整理能力。
2. 能够正确分析旋变信号相关电路。
3. 能够正确检测与判断旋变传感器故障。

任务导入

　　吉利 4S 店维修技师小王今天接了一台 EV450 纯电动汽车。车辆无法挂档行驶,仪表动力系统故障指示灯点亮。如果你是小王,你该如何诊断并排除这个故障呢?

知识链接

一、确认车辆故障现象

踩制动踏板数次并保持，打开一键起动开关后，组合仪表点亮正常，可运行"READY"指示灯正常点亮，VCU 故障指示灯点亮；将档位切换到"D"位，踩加速踏板，EPB 正常自动解锁，但车辆不运行，有时感觉车辆蠕动一下后马上停止。车辆故障现象如图 6-11 所示。

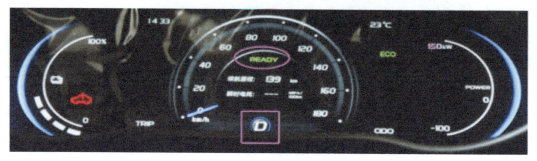

图 6-11　车辆故障现象

二、读取故障码

使用故障诊断仪读取车辆故障码。故障码为：P0C5200 sine、cosine 输入信号低于电压阈值。说明驱动电机旋变信号存在故障。

三、旋转变压器工作原理

旋转变压器外观如图 6-12 所示，简称"旋变"，又称"解析器"。旋转变压器主要用于运动伺服控制系统中，作为角度位置传感器和测量用。早期的旋转变压器用在计算解析装置中，作为模拟计算机中的主要组成部分之一。旋转变压器的输出为随转子转角做某种函数变化的电气信号，通常是正弦、余弦、线性等。这些函数是最常见的，也是容易实现的。在对绕组做专门设计时，也可产生某些特殊函数的电气输出。但这样的函数只能用于特殊的场合，并不是通用的。

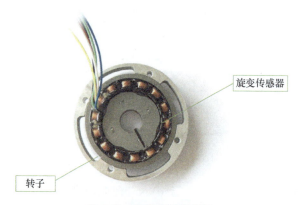

旋变传感器

转子

图 6-12　旋转变压器外观

与编码器类似，旋转变压器也是将机械运动转化为电子信号的转动式机电装置。但与编码器不同的是，旋转变压器传输的是模拟信号而非数字信号。结构方面，旋转变压器由一个一次绕组（励磁）和两个相位在机械上成 90° 的二次绕组（正弦、余弦）组成，如图 6-13 所示。旋转变压器的输出信号需要控制器能够转换成模拟信号输入电路。

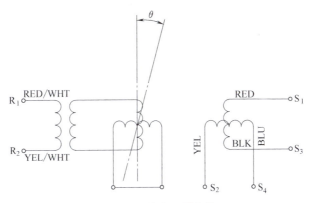

图 6-13　旋转变压器结构

旋转变压器的参数之一为磁极数。单转速旋转变压器的输出波形如图 6-14 所示。磁极数等于旋转变压器转动一圈的已调幅正弦周期数。多极旋转变压器是通过在转子和定子中相等地增加磁极数来实现的，最大转速受旋转变压器尺寸的影响，多极旋转变压器一般用来提高精度。而一个单转速旋转变压器本质上是一个低精度的单圈绝对式装置。随着转速输出的增加，旋转变压器也会失去绝对位置信息。如果空间允许，在一个多极旋转变压器上再加一个单转速旋转变压器既可提高精度，又可获得绝对位置输出。

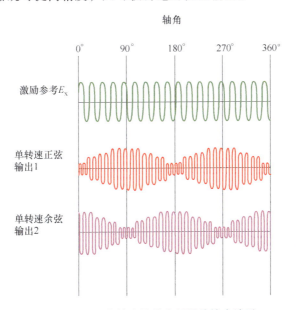

图 6-14　单转速旋转变压器的输出波形

由于具有和电机相似的结构（绕组、叠片、轴承和支架），旋转变压器可在超重载上应用。因为不带电路硬件，它能够在更加极端的温度下运行。因为不带光学元件以及不需精密对准，它能耐受更多的冲击和振动。因为不带光学元件和电路硬件，它能够用于高辐射环境。旋转变压器已经过时间的考验，但是模拟信号的输出限制了其使用范围。旋转变压器最常用于交流永磁无刷伺服电机。

四、旋变解码

当前新能源汽车电驱动旋变解码大都采用 CPU 处理器、FPGA/CPLD 与软件技术相结合的方式。

下面将以一种基于满足功能安全需求的数字处理器即旋变软件解码架构为例来介绍旋变"软件解码"，如图 6-15 所示。旋变输出 sin+/–、cos+/–信号，经过"比较器"处理得到单端 sin/cos 信号，进入低通滤波器，再进行 A/D 转换分别送入 FPGA 和 CPU。FPGA 会产生旋变的励磁电压信号，并处理 sin/cos 信号来计算转子的角度和速度；同时，CPU 也会处理 sin/cos 信号计算出转子角度和速度，并与 FPGA 计算结果作校验，另外，CPU 还会监控 FPGA 对旋变的输入/输出信号的处理过程。

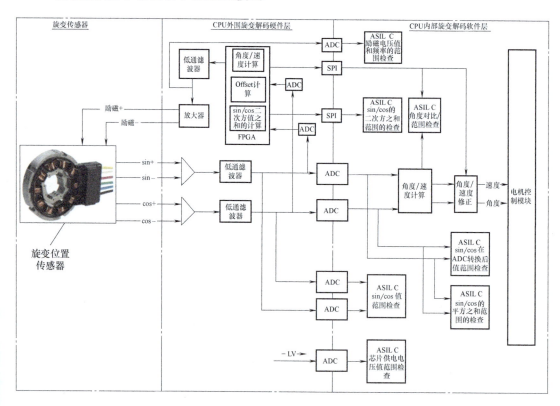

图 6-15　旋变软件解码架构

五、EV450 旋变传感器工作电路分析

1）吉利帝豪 EV450 旋变传感器电路图如图 6-16 所示。

2）BV11 及 BV13 低压接插件针脚序号如图 6-17 所示。

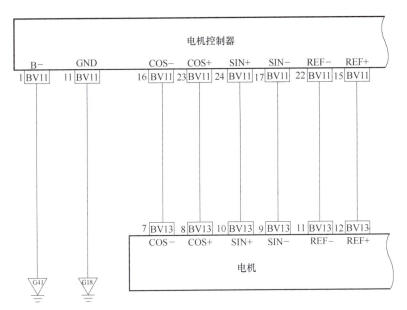

图 6-16　吉利帝豪 EV450 旋变传感器电路图

BV11电机控制器线束-1插接器

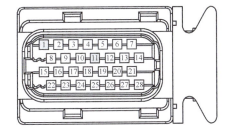

BV13电机线束插接器

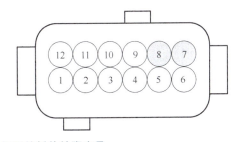

图 6-17　BV11、BV13 低压接插件针脚序号

3）旋变传感器定子由三组线圈组成，安装位置如图 6-18 所示。其阻值分别为：

① 余弦：（14.5±1.5）Ω。

② 正弦：（13.5±1.5）Ω。

③ 励磁：（9.5±1.5）Ω。

任务实施

1. 任务方案制订

本次实训任务主要是完成纯电动汽车驱动电机旋变传感器的检修。查阅相关资料，制订吉利帝豪 EV450 纯电动汽车电机旋变传感器检修步骤。

2. 实施准备工作

1）高压安全防护装备：工服、绝缘手套、绝缘靴、安全帽、护目镜、高压安全警

图 6-18　旋变传感器线圈安装位置

示牌、隔离带、绝缘垫、干粉灭火器。

2）车辆：吉利帝豪 EV450 或其他纯电动汽车一辆。

3）工具及设备：举升机、绝缘工具组合套装、传统工具组合套装、万用表、示波器。

4）资料：吉利帝豪 EV450 维修手册、纯电动汽车检修学习工作页。

3. 详细操作步骤

步骤与图示	方法与结果	备注
①测量电机旋变传感器的正弦、余弦、励磁电阻值 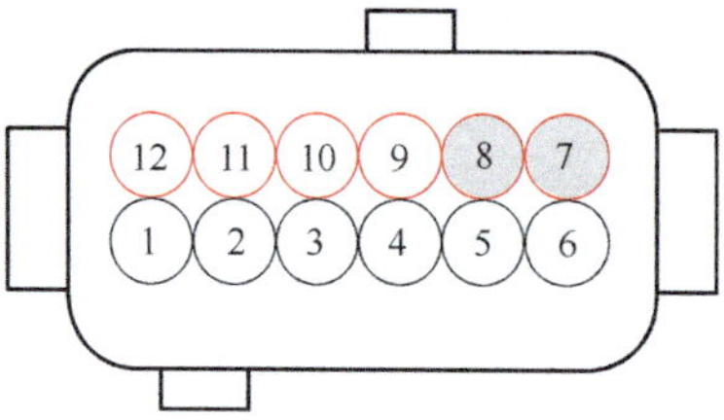 	是否完成 □完成 □未完成 原因：	标准值： 余弦：（14.5±1.5）Ω 正弦：（13.5±1.5）Ω 励磁：（9.5±1.5）Ω
②检测驱动电机旋变信号屏蔽线路：使用万用表测量 BV11 11#、1#与车身接地之间的电阻 BV11 电机控制器线束-1 插接器 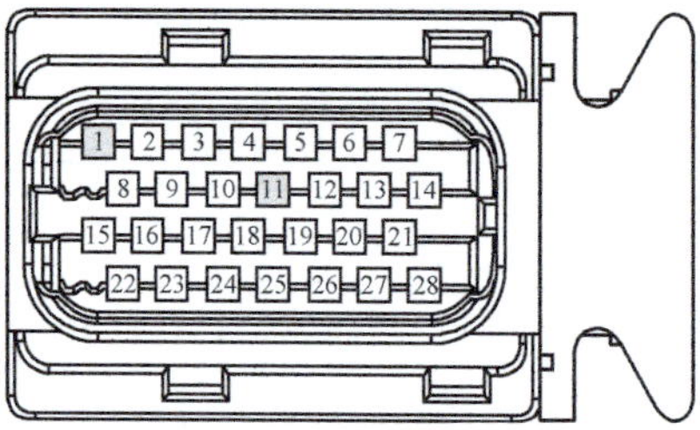 	是否完成 □完成 □未完成 原因： 11#-地： 1#-地： 是否正常 □正常 □不正常	标准值：小于1Ω
③检测驱动电机余弦信号线路 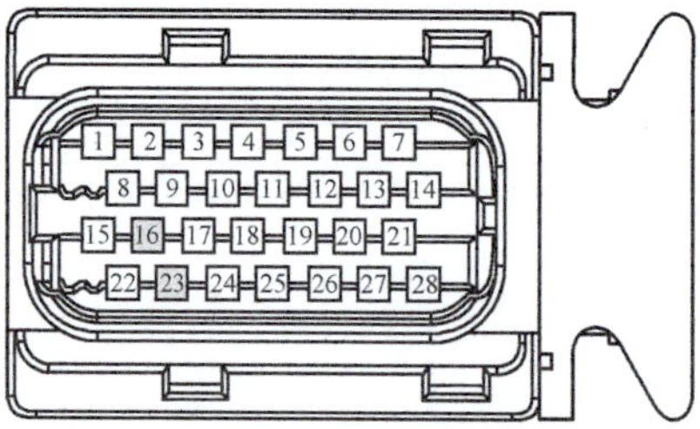 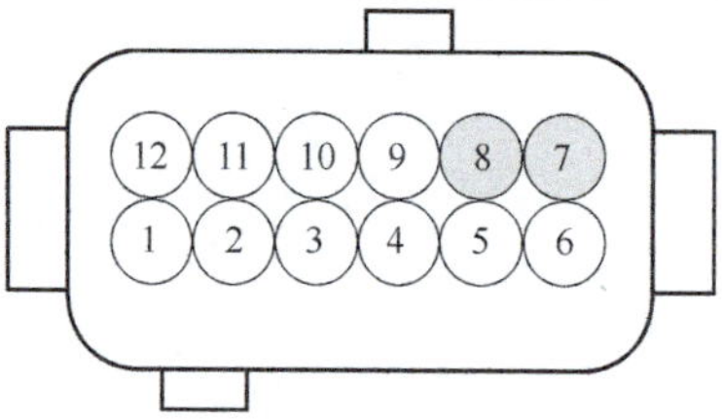 	是否完成 □完成 □未完成	标准值：小于1Ω
	BV13-7#-BV11-16#： BV13-8#-BV11-23#：	标准值：小于1Ω
	BV13-7#-BV13-8#： BV13-7#-车身接地： BV13-8#-车身接地：	标准值：大于10kΩ
	是否正常 □正常 □不正常	

（续）

步骤与图示	方法与结果	备注
④检测驱动电机正弦信号线路 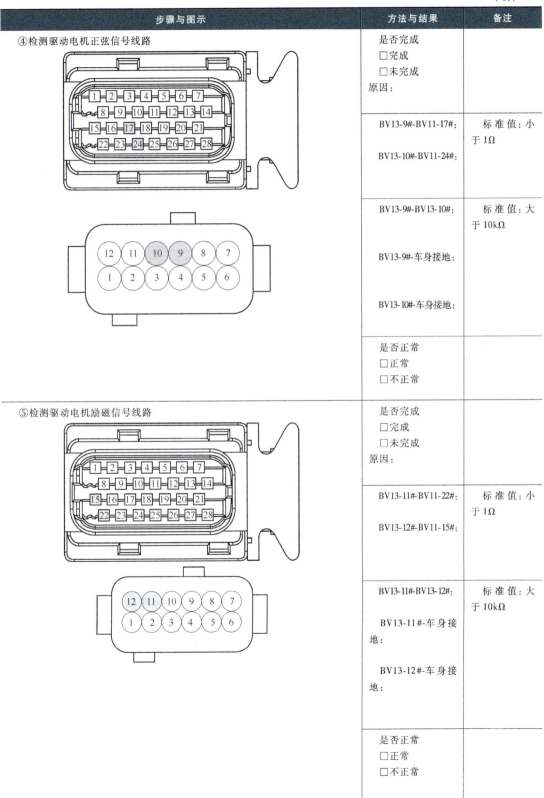	是否完成 □完成 □未完成 原因：	
	BV13-9#-BV11-17#： BV13-10#-BV11-24#：	标准值：小于1Ω
	BV13-9#-BV13-10#： BV13-9#-车身接地： BV13-10#-车身接地：	标准值：大于10kΩ
	是否正常 □正常 □不正常	
⑤检测驱动电机励磁信号线路	是否完成 □完成 □未完成 原因：	
	BV13-11#-BV11-22#： BV13-12#-BV11-15#：	标准值：小于1Ω
	BV13-11#-BV13-12#： BV13-11#-车身接地： BV13-12#-车身接地：	标准值：大于10kΩ
	是否正常 □正常 □不正常	

（续）

步骤与图示	方法与结果	备注
⑥若以上结果均正常,则更换电机控制器	故障点:	
⑦排除故障,恢复车辆,清除故障码	是否正常 □正常 □不正常	

任务3　检修电机过温故障

任务目标

1. 具备资料查询、收集和整理能力。
2. 能正确分析电路图,制订检修方案。
3. 能够对驱动电机过温故障进行诊断与排除。

任务导入

吉利 4S 店维修技师小王今天接了一台帝豪 EV450 纯电动汽车。出现加速无力,最高车速 40km/h 的故障现象。如果你是小王,你该如何诊断并排除这个故障呢?

知识链接

一、确认车辆故障现象

车辆正常运行一段时间后,踩加速踏板车辆无法加速,同时仪表左侧限功率指示灯点亮,其他功能正常,如图 6-19 所示。

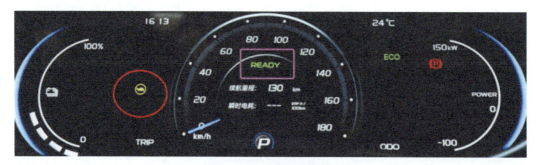

图 6-19　车辆故障现象

二、读取故障码

使用诊断仪读取故障码,显示:P0A9300 冷却液过温故障。说明故障原因为驱动系统温度过高。

三、吉利帝豪 EV450 电机过温故障检测流程

1. 驱动电机冷却系统

驱动电机转子高速旋转时会产生高温，热量通过机体传递，如果不加以降温，驱动电机无法正常工作，所以驱动电机机体内设置有冷却液道，通过冷却液的循环与外界进行热交换，将驱动电机的工作温度保持在一定范围内，防止驱动电机过热。

车载充电机（如配备）工作时将高压交流电转化成高压直流电，其转化过程中会产生大量的热量，因此车载充电机内部也有冷却液道，通过冷却液的循环可降低车载充电机的工作温度。

电机控制器不但控制驱动电机的高压三相供电，还要将动力电池的高压直流电转化成低压直流电为铅酸电池充电。在此过程中会产生热量，需要通过冷却液的循环散热。

动力电池工作电流大，产热量大，同时电池包处于一个相对封闭的环境，易导致电池的温度上升。通过冷却液的循环降低动力电池的工作温度。

冷却系统的作用就是通过冷却液循环为驱动电机、车载充电机（如配备）、电机控制器这三大部件进行散热。

（1）电动冷却液泵　如图 6-20 所示为吉利帝豪 EV450 驱动电机系统冷却回路，冷却系统（电机、电池）有两个电动冷却液泵，电动冷却液泵由低压电路驱动，为冷却液的循环提供压力。在电动冷却液泵的驱动下冷却液在管路中的流向如图 6-20 所示。

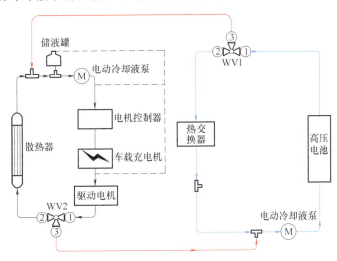

图 6-20　吉利帝豪 EV450 驱动电机系统冷却回路

（2）冷却风扇　冷却风扇总成安装在机舱内散热器的后部，它可增加散热器和空调冷凝器的通风量，有助于加快车辆低速行驶时的冷却速度。

风扇采用双风扇、高低速的控制模式，通过两个不同的电机驱动扇叶。冷却风扇由整车控制模块（VCU）利用冷却风扇低速继电器和冷却风扇高速继电器直接控制，在低速电路中，采用串联调速电阻的方式来改变风扇的转速。

（3）冷却液　吉利帝豪 EV450 采用的冷却液为符合 SH0521 要求的电机用乙二醇型电机冷却液（防冻液），冰点不高于−40℃，禁止使用普通清水。电机冷却液不能混用。冷却液

加注量为 7L。

2. 驱动电机冷却系统部件位置

吉利帝豪 EV450 驱动电机冷却系统部件安装位置如图 6-21 所示。

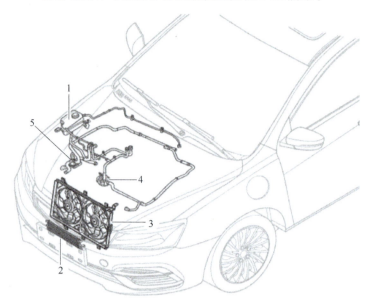

图 6-21　吉利帝豪 EV450 驱动电机冷却系统部件安装位置

1—储液罐　2—散热器　3—三通阀　4—散热器风扇　5—冷却液泵

3. 冷却系统工作原理框图

吉利帝豪 EV450 冷却系统工作原理如图 6-22 所示。

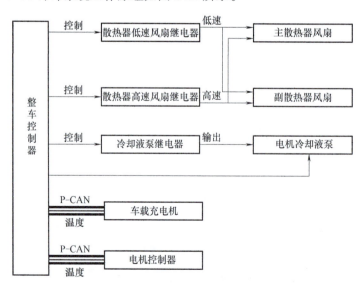

图 6-22　吉利帝豪 EV450 冷却系统工作原理

4. 电机控制器温度传感器电路分析

帝豪 EV450 电机控制器温度传感器电路图如图 6-23 所示。由两个温度传感器测量驱动电机定子绕组温度，两个均为负温度系数热敏电阻温度传感器。如温度传感器及其线路出现故障，也会导致驱动系统过温故障。

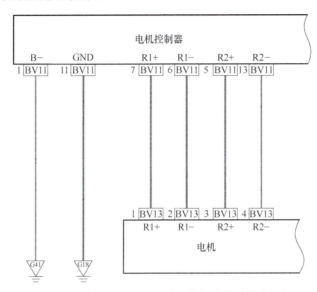

图 6-23　帝豪 EV450 电机控制器温度传感器电路图

任务实施

1. 任务方案制订

本次实训任务主要是完成纯电动汽车驱动电机过温故障的检修。查阅相关资料，制订吉利帝豪 EV450 纯电动汽车电机过温故障检修步骤。

2. 实施准备工作

1）高压安全防护装备：工服、绝缘手套、绝缘靴、安全帽、护目镜、高压安全警示牌、隔离带、绝缘垫、干粉灭火器。

2）车辆：吉利帝豪 EV450 或其他纯电动汽车一辆。

3）工具及设备：举升机、绝缘工具组合套装、传统工具组合套装、万用表、专用测试导线。

4）资料：吉利帝豪 EV450 维修手册、纯电动汽车检修学习工作页。

3. 详细操作步骤

步骤与图示	方法与结果	备注
①检查电机冷却液储液罐液位，观察是否存在液位异常的情况	是否完成 □完成 □未完成 原因： 是否正常 □正常 □不正常	标准液位应在 H 线和 L 线之间

（续）

步骤与图示	方法与结果	备注
②使用诊断仪中的"功能测试"对车辆执行冷却风扇、冷却液泵的动作测试，观察冷却风扇及冷却液泵的工作情况	是否完成 □完成 □未完成 原因： 是否正常 □正常 □不正常	
③检测驱动电机信号屏蔽线路：使用万用表测量 BV11 11#、1# 与车身接地之间的电阻 BV11 电机控制器线束-1 插接器 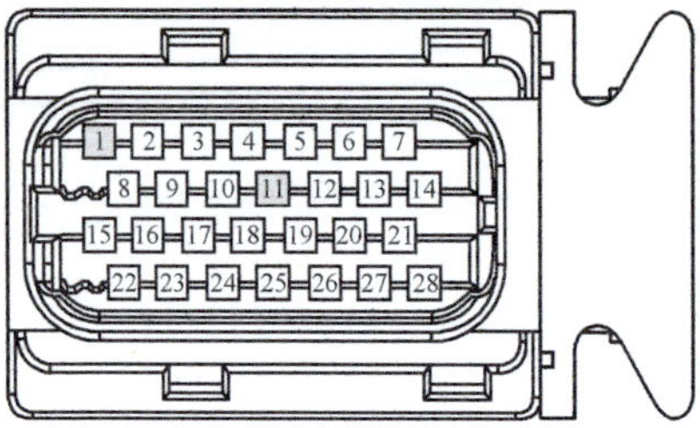	是否完成 □完成 □未完成 原因： 11#-地： 1#-地： 是否正常 □正常 □不正常	标准值：小于 1Ω
④检查电机控制器温度传感器 1、电机控制器温度传感器 2 的阻值 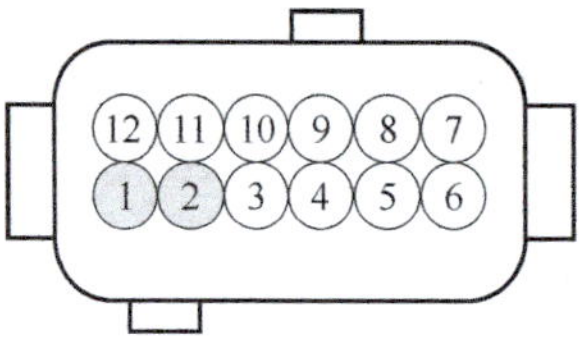 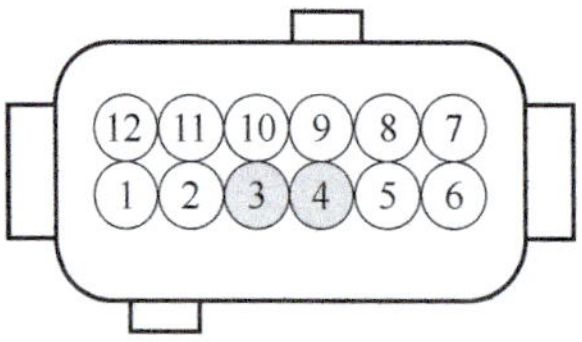	是否完成 □完成 □未完成 原因： BV13-1#-2#： BV13-3#-4#： 是否正常 □正常 □不正常	-40℃ 时，正常电阻值约为（241±20）Ω；20℃ 时，正常电阻值约为（13.6±0.8）Ω；85℃ 时，正常电阻值约为（1.6±0.1）Ω；如不符合，则更换驱动电机
⑤检查电机控制器温度传感器 1 信号线路 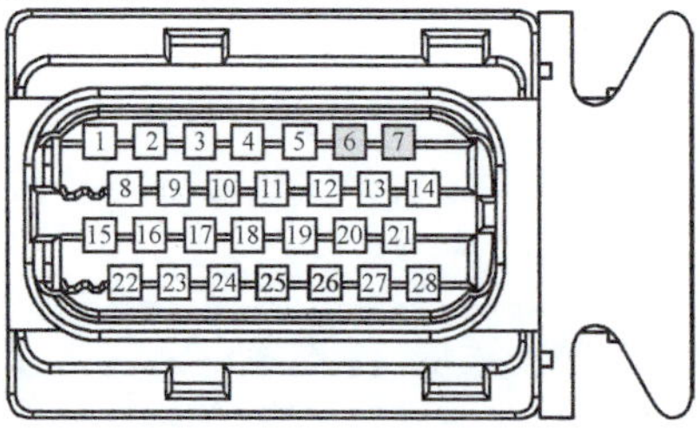 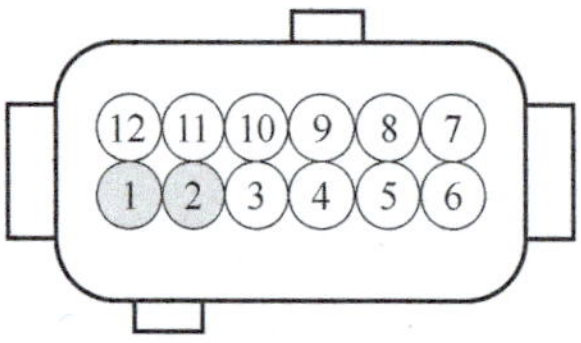	是否完成 □完成 □未完成 原因：	标准值：小于 1Ω
	BV13-1#-BV11-7#： BV13-2#-BV11-6#：	标准值：小于 1Ω
	BV13-1#-BV13-2#： BV13-1#-车身接地： BV13-2#-车身接地：	标准值：大于 10kΩ
	是否正常 □正常 □不正常	

（续）

步骤与图示	方法与结果	备注
⑥检查电机控制器温度传感器2信号线路 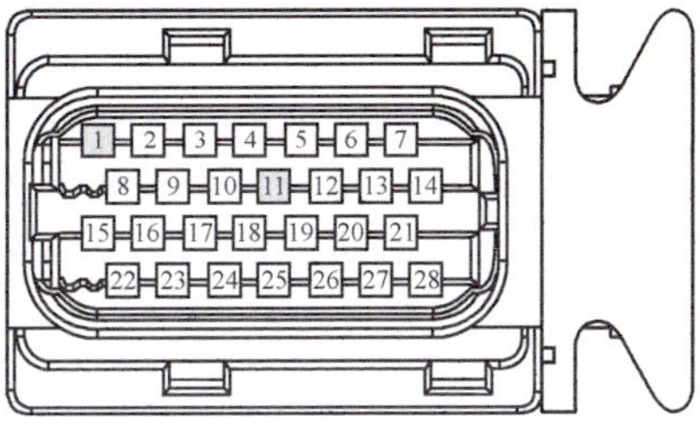 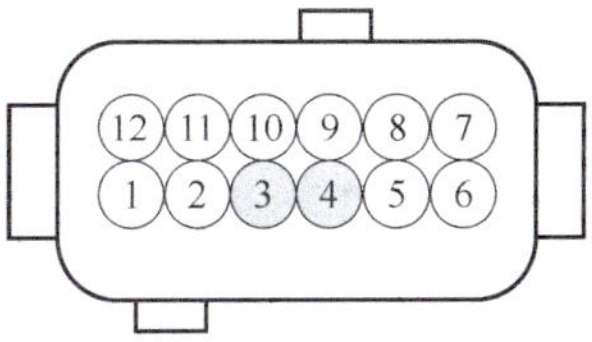	是否完成 □完成 □未完成 原因：	
	BV13-3#-BV11-5#： BV13-4#-BV11-13#：	标准值：小于1Ω
	BV13-3#-BV13-4#： BV13-3#-车身接地： BV13-4#-车身接地：	标准值：大于10kΩ
	是否正常 □正常 □不正常	
⑦若以上结果均正常,则更换电机控制器	故障点：	
⑧排除故障,恢复车辆,清除故障码	是否正常 □正常 □不正常	

任务4　检修电机控制器供电回路故障

任务目标

1. 具备资料查询、收集和整理能力。

2. 能够掌握吉利帝豪 EV300 电机控制器供电原理。

3. 能够对驱动电机及控制器供电回路进行检测。

任务导入

吉利 4S 店维修技师小王今天接了一台帝豪 EV450 纯电动汽车。车辆无法起动，仪表动力系统故障指示灯点亮，车辆无法行驶。如果你是小王，你该如何诊断并排除这个故障呢？

知识链接

一、确认车辆故障现象

踩制动踏板数次后并保持，打开一键起动开关后，组合仪表点亮正常，可运行"READY"指示灯无法正常点亮，辅助蓄电池指示灯、整车系统故障指示灯点亮，仪表再无其他信息显示。此时档位无法切换到 D 位或 R 位。如图 6-24 所示。

图 6-24 车辆故障现象

二、读取故障码

使用诊断仪读取车辆故障码，故障码为：P056200 蓄电池电压欠电压故障。说明供电系统存在故障。

三、吉利帝豪 EV450 电机控制器供电回路检测流程

1. 电机控制系统低压供电电路分析

低压电源配电电路图及电机控制器低压供电回路电路图如图 6-25、图 6-26 所示，IG2 继电器控制脚由 BCM 控制。当按下起动电源开关，IG2 继电器闭合，来自蓄电池正极的 12V 电源通过 20A EF04 熔丝及 IG2 继电器输出脚，经过 10A IF18 熔丝后到达 BV11 的 25 号 IG 端子给电机控制器提供工作电源。电机控制器集成 DC/DC 变换器。同样，来自总熔丝的蓄电池电源经过 7.5A 的 EF32 熔丝，给电机控制器及 DC/DC 模块提供常电。BV12 的 1 号 B+端子连接蓄电池正极端子，是 DC/DC 的低压输出端。

2. 车辆熔丝、继电器安装位置

吉利帝豪 EV450 前舱熔丝、继电器位置布置图如图 6-27 所示。

吉利帝豪 EV450 室内熔丝、继电器位置布置图如图 6-28 所示。

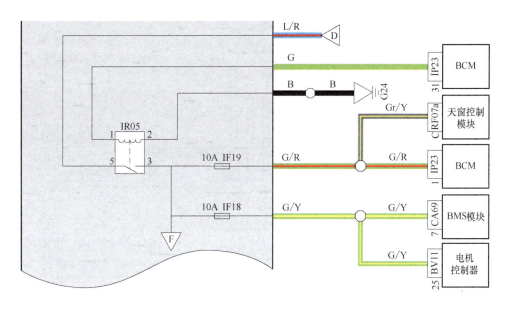

图 6-25　低压电源配电电路图

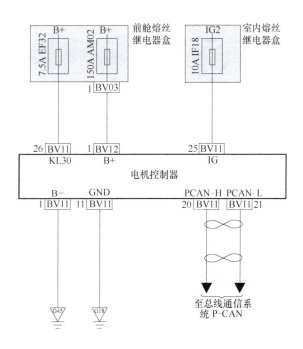

图 6-26　电机控制器低压供电回路电路图

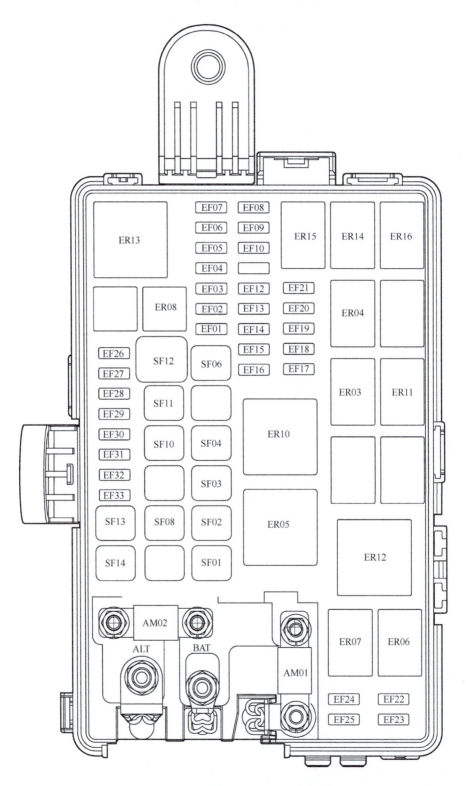

图 6-27　前舱熔丝、继电器位置布置图

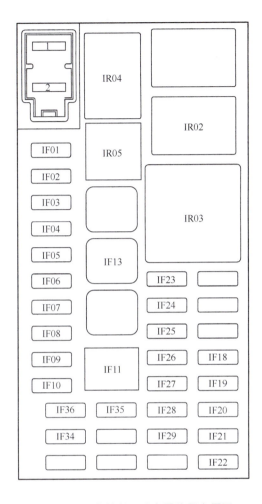

图 6-28 室内熔丝、继电器位置布置图

任务实施

1. 任务方案制订

本次实训任务主要是完成纯电动汽车驱动电机控制器总成的检修。查阅相关资料，制订吉利帝豪 EV450 纯电动汽车电机控制器检修步骤。

2. 实施准备工作

1）高压安全防护装备：工服、绝缘手套、绝缘靴、安全帽、护目镜、高压安全警示牌、隔离带、绝缘垫、干粉灭火器。

2）车辆：吉利帝豪 EV450 或其他纯电动汽车一辆。

3）工具及设备：举升机、绝缘工具组合套装、传统工具组合套装、万用表、专用测试导线。

4）资料：吉利帝豪 EV450 维修手册、纯电动汽车检修学习工作页。

电机控制器
电源线路的
故障检测

3. 详细操作步骤

步骤与图示	方法与结果	备注
①检查蓄电池电压 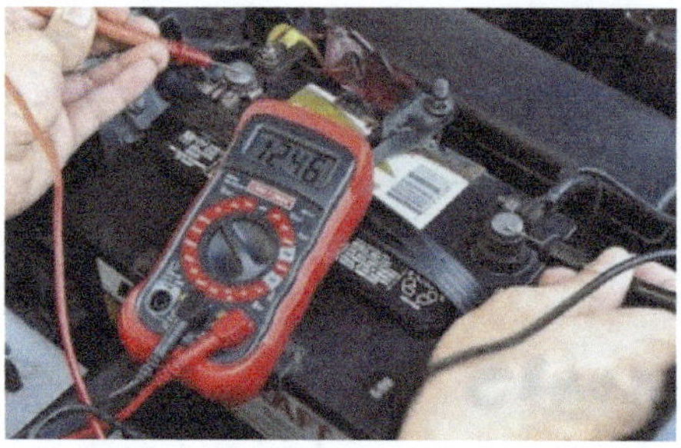	是否完成 □完成 □未完成 蓄电池电压： 是否正常 □正常 □不正常	标准电压：11~14V
②检查电机控制器 IF18/EF32 和蓄电池正极端子熔丝是否熔断 	是否完成 □完成 □未完成 IF18 熔丝： EF32 熔丝： 正极端子熔丝： 是否正常 □正常 □不正常	拔下熔丝检查是否熔断
③ON 位状态下检查电机控制器电源电压 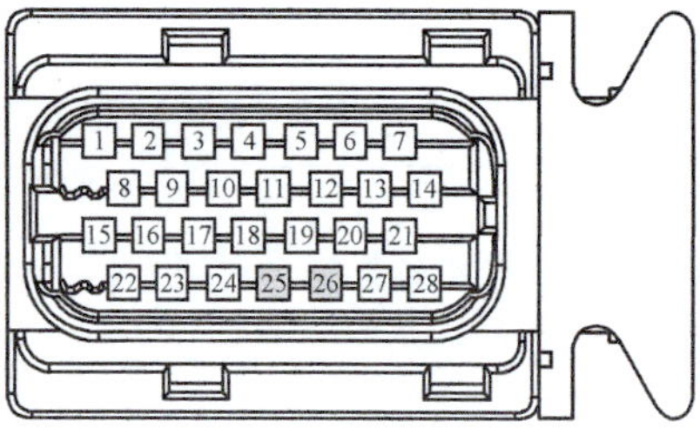 	是否完成 □完成 □未完成 BV11-25#： BV11-26#： 是否正常 □正常 □不正常	标准值：11~14V
④检查电机控制器接地线束 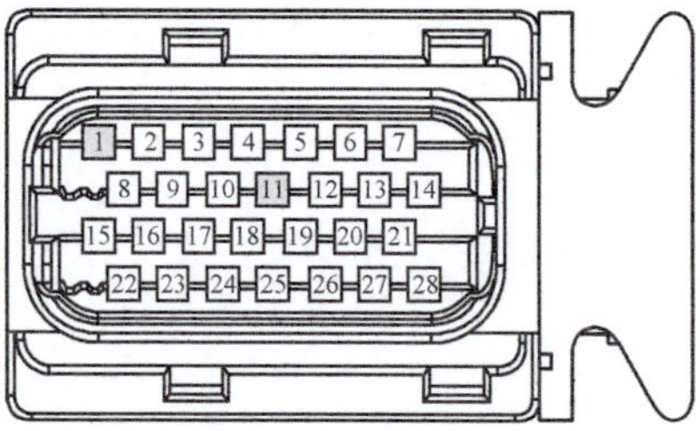 	是否完成 □完成 □未完成 BV11-1#-车身接地： BV11-11#-车身接地： 是否正常 □正常 □不正常	标准值：小于 1Ω

（续）

步骤与图示	方法与结果	备注
⑤拆下蓄电池正极电缆,检查 DC 与蓄电池正极电缆之间的电阻 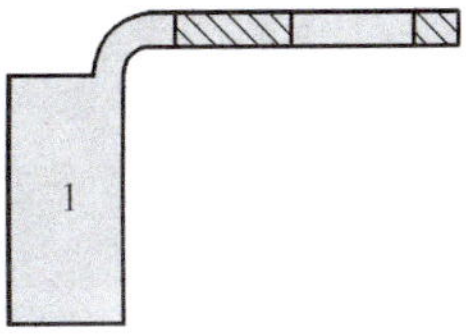 1	是否完成 □完成 □未完成 原因: BV12-蓄电池正极: 是否正常 □正常 □不正常	标准值:小于 1Ω
⑥若以上结果均正常,则更换电机控制器	故障点:	
⑦排除故障,恢复车辆,清除故障码	是否正常 □正常 □不正常	

任务5　检修电机控制器通信故障

任务目标

1. 具备资料查询、收集和整理能力。
2. 能够掌握吉利帝豪 EV450 数据通信系统的工作原理。
3. 能够对电机控制器 P-CAN 总线进行检测。

任务导入

吉利 4S 店维修技师小王今天接了一台帝豪 EV450 纯电动汽车。车辆无法起动,仪表多个故障指示灯点亮,车辆无法行驶。如果你是小王,你该如何诊断并排除这个故障呢?

知识链接

一、确认车辆故障现象

踩制动踏板数次后并保持,打开一键起动开关后,组合仪表点亮正常,可运行指示"READY"灯无法正常点亮,蓄电池指示灯、整车系统故障指示灯点亮,右侧故障提醒警告灯、EPB 系统故障警告灯、减速器故障指示灯也点亮。此时档位无法切换到 D 位或 R 位。如图 6-29 所示。

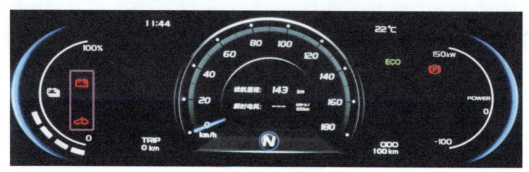

图 6-29　车辆故障现象

二、读取故障码

使用故障诊断仪读取故障码。故障码为：U011087 与电机控制器通信丢失。说明该车辆存在通信故障。

三、吉利帝豪 EV300 电机控制器 P-CAN 总线检测流程

1. 吉利帝豪 EV300 数据通信系统基本知识

吉利帝豪 EV450 纯电动汽车采用了两种数据通信方式：CAN、LIN，该系统的优点为减少了控制电路中的导线数量并提高了系统的稳定性及可靠性。

CAN（Controller Area Network）总线，全称为控制器局域网络总线，即控制设备相互连接，进行数据交换，是国际上应用最广泛的现场总线之一。被设计为车用 ECU 之间的通信总线，实现信息交互，形成汽车电子控制网络。CAN 总线的通信介质是双绞线，高速 CAN 总线的通信速率为 500kbit/s，双绞线终端为 2 只 120Ω 的电阻。

高速 CAN 总线是差分总线。工作时，CAN-H 和 CAN-L 的状态可以从静止或闲置电平驱动至两者相反的极限。其中，大约为 2.5V 的闲置电平被认为是隐性传输数据并解释为逻辑 1。将线路驱动至极限时，CAN-H 电压将升高 1V 而 CAN-L 电压将降低 1V。极限电压差 2V 被认为是显性传输数据并解释为逻辑 0，如图 6-30 所示。

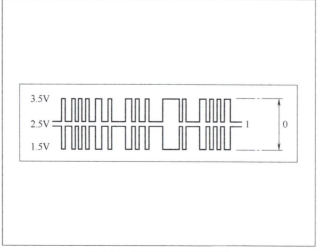

图 6-30　CAN 通信控制逻辑

吉利帝豪EV450纯电动汽车有两路CAN通信总线，分别为动力CAN总线（P-CAN）和车身CAN总线（B-CAN）。VCU集成网关控制器的功能，作为主要信息处理及交互模块。动力CAN总线的两个终端电阻分别在BMS及电机控制器内部，车身CAN总线的两个终端电阻分别在BCM及ESC内部。其主要组成部件如图6-31所示。

　　LIN总线是用于汽车分布式电控系统的一种新型低成本串行通信系统，主要用于智能传感器和执行器的串行通信。

2. 电机控制系统动力CAN总线电路分析

　　电机控制器（PEU）的CAN总线属于动力网P-CAN的一部分，如图6-32所示。PEU与BMS内部各有一个120Ω的终端电阻存在，且两个终端电阻在电路上呈并联关系。诊断接口IP15的3号P-CAN-L端子和11号P-CAN-H端子接入总线通信系统P-CAN，如图6-33所示。电机控制器EP11的27号CAN-H端子和28号CAN-L端子接入OBD诊断接口2#、1#，该通信线为PEU的电机程序刷写线，如图6-34所示。电机控制器低压接插件EP11的20号CAN-H端子和21号CAN-L端子接入总线通信系统P-CAN，如图6-35所示。

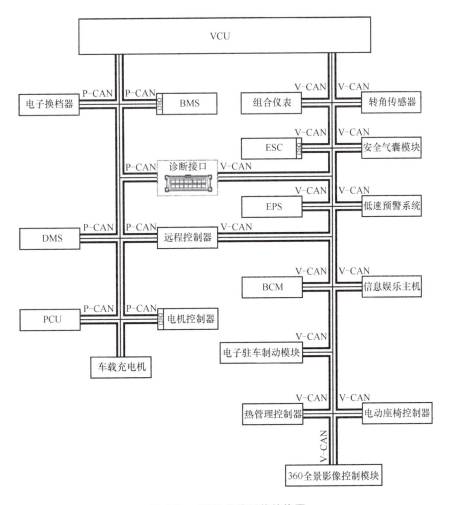

图6-31 CAN总线网络结构图

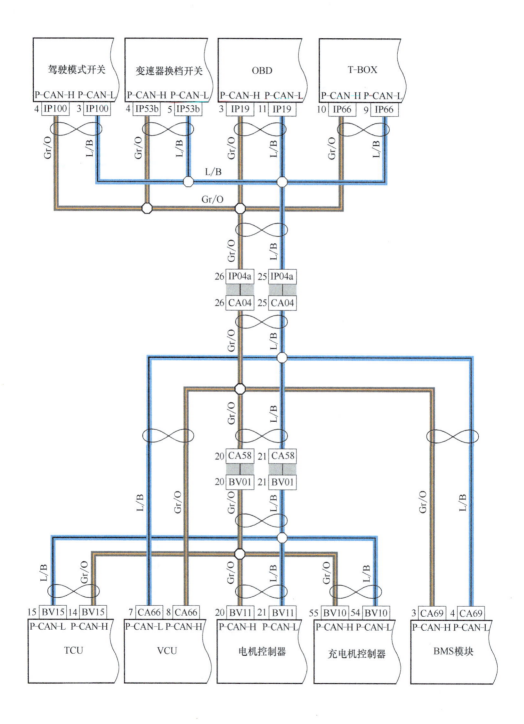

图 6-32　总线通信系统（P-CAN 通信网络）

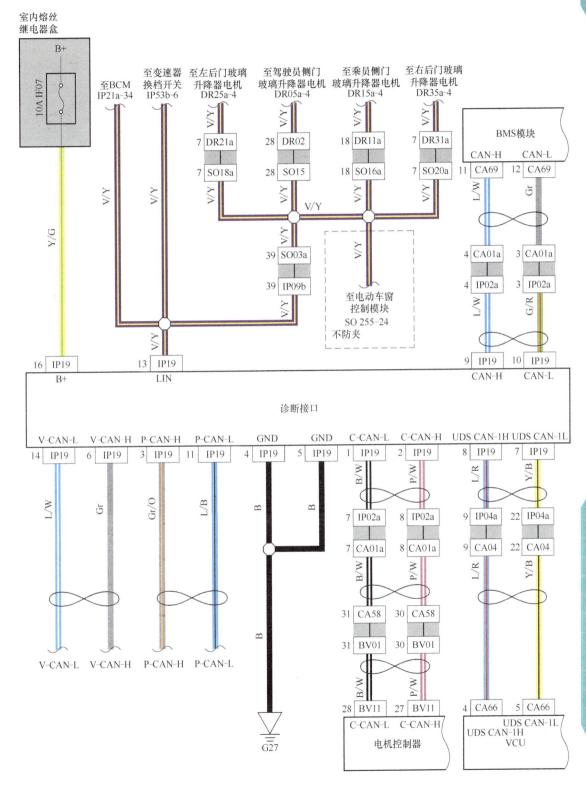

图 6-33　总线通信系统（诊断接口）

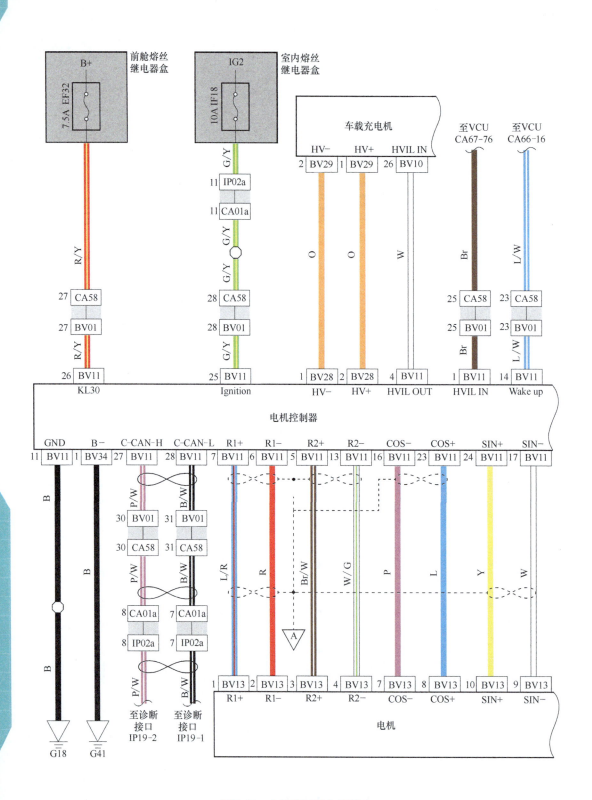

图 6-34　电机控制器电路图 1

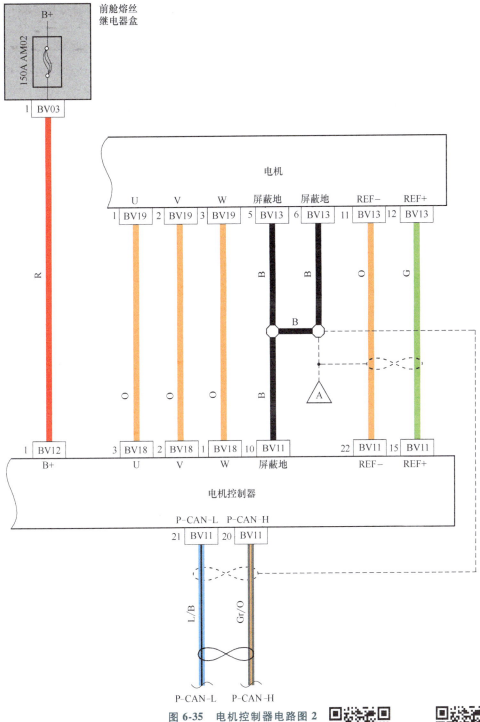

图 6-35 电机控制器电路图 2

任务实施

1. 任务方案制订

本次实训任务主要是完成纯电动汽车驱动电机控制器

帝豪 EV450 更换
电机控制器

电机控制器通信
线路的故障检修

总成的检修。查阅相关资料，制订吉利帝豪 EV450 纯电动汽车电机控制器检修步骤。

2. 实施准备工作

1）高压安全防护装备：工服、绝缘手套、绝缘靴、安全帽、护目镜、高压安全警示牌、隔离带、绝缘垫、干粉灭火器。

2）车辆：吉利帝豪 EV450 或其他纯电动汽车一辆。

3）工具及设备：举升机、绝缘工具组合套装、传统工具组合套装、万用表、专用测试导线。

4）资料：吉利帝豪 EV450 维修手册、纯电动汽车检修学习工作页。

3. 详细操作步骤

步骤与图示	方法与结果	备注
①检查蓄电池电压 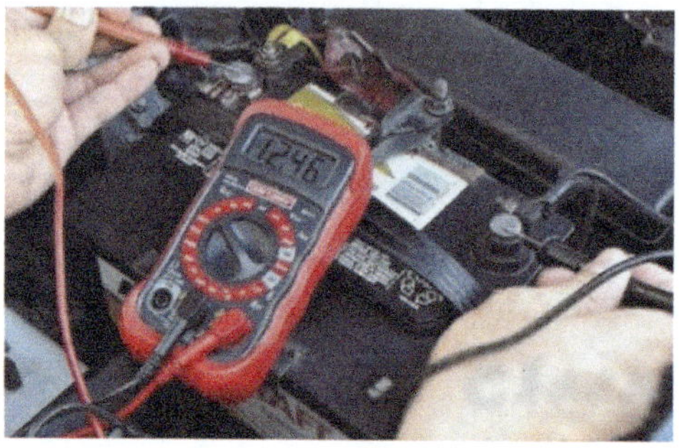 	是否完成 □完成 □未完成 蓄电池电压： 是否正常 □正常 □不正常	标准电压： 11～14V
②ON 位状态下检查电机控制器电源电压 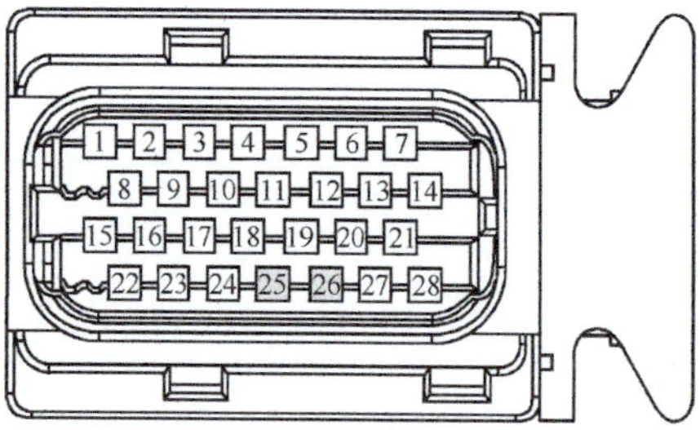 	是否完成 □完成 □未完成 BV11-25#： BV11-26#： 是否正常 □正常 □不正常	标准值：11～14V
③检查电机控制器接地线束 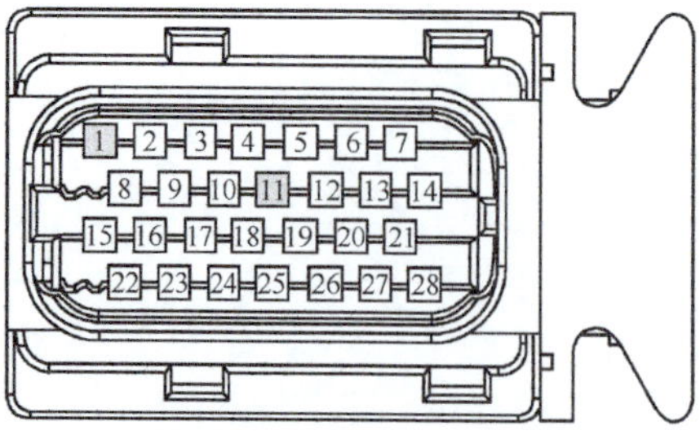	是否完成 □完成 □未完成 BV11-1 #-车身接地： BV11-11#-车身接地： 是否正常 □正常 □不正常	标准值：小于 1Ω

（续）

步骤与图示	方法与结果	备注
④检查电机控制器的通信线路	是否完成 □完成 □未完成 BV11-21#-IP19-11#: BV11-20#-IP19-3#: 是否正常 □正常 □不正常	标准值:小于1Ω
⑤进行 P-CAN 网络完整性检查	是否完成 □完成 □未完成 IP19-11#-IP19-3#: 是否正常 □正常 □不正常	标准值:55 ~ 67.5Ω
⑥排除 P-CAN 网络不完整故障	是否完成 □完成 □未完成 是否正常 □正常 □不正常	
⑦排除故障,恢复车辆,清除故障码	是否正常 □正常 □不正常	

参 考 文 献

［1］ 黄显祥，马涛. 纯电动汽车检修［M］. 上海：华东师范大学出版社，2018.
［2］ 何忆斌，侯志华. 新能源汽车驱动电机技术［M］. 北京：机械工业出版社，2017.
［3］ 严朝勇. 电动汽车电机控制及驱动技术［M］. 北京：机械工业出版社，2018.